DIANE VANIER
Das perfekte Fest

DIANE VANIER

Das perfekte Fest

Traumhafte Rezepte und Dekorationen

Fotos von

Martine Murat

Aus dem Französischen
von Barbara Holle

GERSTENBERG

INHALT

EINFÜHRUNG

1. AKT

Same procedure as every time

1. SZENE: DIE EINLADUNG

– Haben Sie am Donnerstag Zeit?

– Eh … ja, ich glaube schon.

– Prima. Kommen Sie doch zum Abendessen, ich werde Sie mit Soundso bekanntmachen. Unmöglich sich dem zu entziehen. Obwohl Sie geschworen hatten, nicht mehr …

2. SZENE: DAS ABENDESSEN

Wie derartige »Festivitäten« ablaufen, ist hinlänglich bekannt: Ankunft der Gäste gegen 20.30 Uhr am Wochenende, unter der Woche gegen 21 Uhr.

Bis es so weit ist, wartet noch jede Menge Stress auf Sie: ein Stau; Arbeit, die dringend noch erledigt werden muss; ein Telefonat, das nicht enden will; die Kinder, die versorgt werden müssen …

Ist es dann endlich soweit, immer das gleiche Ritual: Der Aperitif dauert in der Regel eine halbe bis eine Stunde, je nachdem, wann die letzten Gäste eintreffen. Dann das berühmte »zu Tisch bitte«, das die Gäste natürlich in gespielter Begeisterung mit einem »Aaah!« quittieren. Die Vorspeise wird serviert, und jeder fühlt sich bemüßigt, die Kochkünste der Dame oder des Herrn des Hauses zu loben. Man versucht, mit seinen Tischnachbarn ins Gespräch zu kommen, was mitunter gar nicht so einfach ist, vor allem wenn Ihnen der Gast völlig unbekannt ist und sich vielleicht obendrein als nicht sehr gesprächig erweist oder wenn Sie es mit einer Klatschtante oder einem Herrn von der Sorte »Ich-weiß-alles-habe-schon-alles-erlebt-und-gesehen« zu tun haben, den Sie am liebsten auf den Mond schießen würden, wenn er Ihre – rein rhetorisch gemeinte – Frage »Wie wäre es mit

etwas Käse?« mit einem begeisterten »Mit Vergnügen« quittiert.

Also stellen Sie sich eben noch einmal eine halbe Stunde in die Küche …

Bis man beim Dessert angelangt ist, tun Ihnen die Füße weh, und der Appetit ist Ihnen auch vergangen. Trotzdem müssen Sie mithalten, auch wenn Sie normalerweise auf das Dessert verzichten. Der Teller steht nun mal vor Ihnen. Nun beginnen auch die Gespräche zu verebben, Small Talk und aktuelle Themen sind erschöpft, und man hört nur noch das Klappern der Dessertlöffel.

Schließlich begibt man sich wieder ins Wohnzimmer, um den Kaffee oder den Digestif einzunehmen. Meist steuert jeder wieder den Platz an, auf dem er bereits beim Aperitif saß … Höflichkeitshalber – schließlich kann man sich nicht gleich nachdem man den letzten Bissen heruntergeschlungen hat verabschieden – wartet man wenigstens noch zwanzig Minuten, um sich dann unter dem Vorwand, man habe einen harten Tag gehabt, man habe am nächsten Tag in aller Frühe einen wichtigen Termin oder der Babysitter müsse nach Hause, zu entschuldigen.

Und hat erst einmal der erste Gast das Signal zum Aufbruch gegeben, folgen die anderen in der Regel seinem Beispiel …

3. SZENE: SCHLUSS

Jeder hat sich schon einmal bei einem solchen »organisierten« Abendessen gelangweilt. Auch wenn wir nicht immer die Zeit und die Energie haben und deshalb die Annehmlichkeiten eines konventionellen Abendessens vorziehen, sollten wir nicht vergessen, dass man die anderen einlädt, um ihnen einen angenehmen Abend zu bereiten. Darum allein geht es, wenn man Menschen, Freunde oder Bekannte, um sich versammelt.

2. Akt

Rundum ein Genuss

Das ist der Gedanke, der diesem Buch zugrunde liegt, in dem ich Ihnen Alternativen zum klassischen Buffet präsentiere – zwölf, für jeden Monat eine!

Es sind Buffets für ungezwungene Abendeinladungen, bei denen Speisen und Dekoration um ein bestimmtes Motto kreisen. Das können bestimmte Farben, ein besonderes Ereignis oder bestimmte Themen sein oder aber eine Zutat, die auf unterschiedliche Weise abgewandelt wird.

1. Szene: DIE INSZENIERUNG

Egal zu welcher Jahreszeit, ob in der Wohnung, in einer Scheune oder in der freien Natur – bescheren Sie Ihren Gästen einen Augen- und Gaumenschmaus und entführen Sie sie einmal in die Welt der Fantasie, mal in die glamouröse Welt der Mode, mal in ein exotisches und mal in ein bukolisches Ambiente.

Und das ganz zwanglos, ohne feste Zeiten, ohne Sitzordnung, ohne festgelegte Menüfolge. Ohne den Zwang, Konversation treiben zu müssen, kann jeder kommen und gehen, wann er möchte, kann sich jeder nach Lust und Laune unterhalten, zuhören und genießen.

Anstatt mehrmals im Monat vier bis acht Personen zu einem förmlichen Abendessen einzuladen, finden Sie hier Anregungen für zwanglose Abendeinladungen für zehn bis fünfzehn Personen. Ich habe schon oft mehr oder weniger konventionelle Abendessen und Buffets organisiert und improvisiert und dabei festgestellt, dass die Einladungen, bei denen sich die Gäste ganz ungezwungen fühlen konnten, bei denen sie sich rundum wohlfühlten, die gelungensten waren. Die Zutaten sind vielleicht die gleichen, und auch die Leute sind die gleichen, und doch verändert der Rahmen alles.

2. Szene: DER VORHANG HEBT SICH

Man kommt, wann man will, man geht, wann man will. Man schaut mal kurz vorbei, um Hallo zu sagen, ein Glas zu trinken und etwas dazu zu essen – oder auch nicht – alles steht bereit, und jeder kann sich selbst bedienen. Man bleibt eine halbe Stunde, drei Stunden oder auch länger. Man sucht sich in einer entspannten, ungezwungenen Atmosphäre den geeigneten Gesprächspartner.

3. Szene: TANZ DER TÖPFE

Auch wenn die Gerichte für ein Buffet im Voraus zubereitet und zumeist kalt gegessen werden, können die Speisen durchaus raffiniert, abwechslungsreich und ungewöhnlich sein. Ich fände es furchtbar langweilig, wenn ich mich nur auf Cakes, Quiches und Salate beschränken müsste. Im Gegenteil, es bereitet mir immer wieder Vergnügen, neue Produkte und Kombinationen auszuprobieren oder traditionelle Rezepte abzuwandeln. Für Gäste zu kochen, macht mir einfach Spaß. Und das Vergnügen ist doppelt so groß, wenn man fertig vorbereitete Einzelportionen in Gefäßen serviert, die sich problemlos transportieren lassen und aus denen man die Speisen dann auch gleich genießen kann. Zugegeben, die Vorbereitungen sind zum Teil etwas zeitaufwendig, doch durch das Mehr an Zeit, das Sie für das Dekorieren und Kochen aufwenden, können Sie den Abend uneingeschränkt genießen und müssen ihn nicht in der Schürze am Herd oder in der Hitze des Backofens verbringen und dabei bangen, ob das Gericht, bei dem man angeblich nichts falsch machen kann, auch wirklich gelingt.

Letzter Akt

Alles echt!

Dieses Buch soll Ihnen Anregungen für einfache und dennoch raffinierte und originelle Speisen und Dekorationen geben. Wenn Sie sich an die Tipps und die Rezepte halten, wird das Ergebnis genauso aussehen wie auf den herrlichen Fotos. Freunde und Familienmitglieder, die bei mir während der Aufnahmen zum Naschen vorbeikamen, können das bestätigen. Keines der Rezeptfotos wurde retuschiert, und die Gerichte wurden alle bis auf den letzten Krümel weggeputzt! Ein dickes Lob an das ganze Team: meine Fotografin, die Stylisten und das Redaktionsteam, die mit Ihrem Engagement und ihrer Begeisterung zum Gelingen dieses Buches beigetragen haben.

JANUAR

Winterlicher Zauber

Eine große, weiße Sonne taucht die schlafende Natur in ein gleißendes Licht. Die Luft ist trocken und kristallklar. Es ist still, mitunter fast unerträglich still. Die eisigen Nächte scheinen nicht enden zu wollen. So sieht der Winter im hohen Norden aus. Und doch hat er nicht nur ein strenges, unerbittliches Gesicht. Verleiht ihm doch die Schönheit der verschneiten, zugefrorenen Landschaften einen ganz besonderen Zauber. In Sibirien vertreibt man sich die langen Winternächte in geselliger Runde mit Gesang und Tanz. Und für die nötige »innere Wärme« sorgt der Wodka … Gelegenheiten zum Feiern finden sich immer, und ich bin selten irgendwo herzlicher aufgenommen worden als dort. Die Tische biegen sich unter den Köstlichkeiten, die die Gäste mitgebracht haben. Jeder tut sich gütlich an eingelegtem Gemüse, Räucherfisch mit saurer Sahne und Blini oder Piroggen und anderem herzhaftem Gebäck. Das Buffet bietet zwar immer mehr oder weniger die gleiche Auswahl an Speisen, doch ist jede von ihnen eine Köstlichkeit, und die Zubereitung variiert von Region zu Region. Gastlichkeit, Wärme und Herzlichkeit prägen die Atmosphäre in dem mit flauschigen Materialien in kräftigen, leuchtenden Farben ausgestatteten Isba genannten Hütten, in denen Holz und Goldtöne dominieren. Feiern doch auch Sie einmal ein solch ausgelassenes russisches Neujahrsfest in einem sibirischen Ambiente. *Nazdarovje!*

Eine Isba
Felle
Piroggen

FÜR DIE DEKORATION

DER ORT

Ein intimer, in warmen oder dunklen Farben gehaltener Raum, den man mit leuchtenden Farben ausstattet; ideal sind auch Zimmer mit Holztäfelung oder Parkettboden. In der Taiga sind die Räume meist nicht sehr groß. Schließlich müssen sie ja beheizt werden. In der Regel »thront« im größten Zimmer, wo sich das quirlige Leben vorwiegend abspielt, ein Ofen. Die Größe spielt also keine Rolle – für einen russischen Abend eignen sich selbst kleinste Räume.

DIE ACCESSOIRES

Rentierschlitten, Schnee-schuhe, Felle und Pelze – das alles ist zugegebenermaßen in »unseren Breiten« nicht so leicht aufzutreiben. Um Ihrem Zimmer das Flair einer sibirischen Isba zu verleihen, stellen Sie am bes-ten alle Holzmöbel hinein, die Sie besitzen, vorzugsweise die eher niedrigen: Tische, Truhen, Bänke und Hocker sind gemüt-licher als ein großer Esstisch. Ist Ihre Wohnung modern einge-richtet, überziehen Sie die Möbel doch mit einem leicht schillern-den, roten, goldenen oder schwar-zen Stoff (beispielsweise aus Velours).

Der dick mit Teppichen in leuchtenden Farben ausgelegte Boden bildet einen lebendigen Kontrast zu den Brauntönen der eher schlichten Holzmöbel. Schaffen Sie mit Wandbehän-gen, Wolldecken, kuscheligen Kissen, dicken Sitzpolstern und Fellen eine behagliche Atmo-sphäre. Sie laden zum Entspan-nen in der angenehmen Wärme des Zimmers ein, während drau-ßen klirrende Kälte herrscht, wie die – mit Kunstschnee – »vereisten« Fenster zeigen. Ein paar auf den Fensterbrettern verteilte Kerzen bringen diesen Effekt schön zur Geltung.

Leuchtende Farben verschmelzen auf dunkelgrundigen Tischdecken zu verschiedenen Rottönen. Diesen Farbeffekt erzielen Sie mit bunt gemusterten Stolen oder indem Sie verschiedene einfarbige Stolen übereinanderlegen. Die russischen Stolen sind meist schwarz oder braun aus kaschmirähnlichem Stoff oder haben Blumenmuster, bei denen sich Beige-, Rosa-, Rot- und Orangetöne mischen: frische Farbtupfer, die für wenig Geld zu haben sind.

Gold dominiert in einem russischen Ambiente nicht nur auf religiösen Objekten und Ikonen, auch andere vergoldete Gegenstände, etwa der Samowar, mit dem der Tee zubereitet wird, Laternen aus Metall, Fruchtstücke, Kelche, verschiedene Dosen, die man zwischen den wärmeren Farbtönen verteilt, passen gut zu der rot-goldenen Dekoration.

Halten Sie bei Trödlern Ausschau nach russischem Geschirr aus bemaltem Holz. Die schwarzgrundigen Löffel, Schöpfkellen, Schüsseln, Eierbecher, Teller und Servierplatten sind mit Arabesken, weißen, roten und goldenen Blumen und Blüten verziert.

Verzierte Eier – meist mit religiösen Motiven – sind ebenfalls ein beliebter Klassiker.

Die weiche, dünne Birkenrinde lässt sich relativ leicht bearbeiten. Sollten Sie nur über wenige der genannten Dekorationselemente verfügen, besorgen Sie sich – beim Gärtner, beim Floristen oder im Wald – Birkenrinde, schneiden sie in Streifen und wickeln sie mit Bast um Gläser und Kerzen. So verleihen Sie Ihrer Dekoration eine rustikale Note. Ein Strauß aus langen getrockneten Zweigen ist genauso dekorativ wie frische Blumen und passt besser zum winterlichen Ambiente.

Tauchen Sie alles in ein weiches Licht. Am besten eignen sich dazu natürlich Kerzen, denn der gelbe Schein der Flammen bringt die kräftigen warmen Rottöne und den Glanz des Goldes erst richtig zur Geltung. Ein paar dunkle Ecken schaffen in dieser bunten, aber behaglichen Dekoration zudem eine gemütliche, intime Atmosphäre.

DER TISCH

Mehrere niedrige Tische wirken kommunikativer als ein großes Buffet. Den Borschtsch und die Piroggen auf einem kleinen Rechaud oder einer Platte warm halten. Den Fisch, die Salate, Cremes und Blini in der Raummitte auf einem Tisch anrichten, der dazu einlädt, es sich ringsum auf dem mit Wolldecken, Überzügen und Kissen weich ausgelegten Boden bequem zu machen. Die süßen Leckerbissen und den Samowar etwas abseits stellen.

Für einen »russischen« Tisch nehmen Sie am besten einfaches weißes Geschirr, das Sie mit Goldfarbe oder kleinen goldenen Aufklebern (siehe Adressen, S. 297) verzieren. Goldene Platten, Schalen und Schüsseln aus billigem Material, die vor Weihnachten überall für wenig Geld angeboten werden, eignen sich hervorragend zum Servieren. Wenn Sie sich nicht sicher sind, ob das Material für Lebensmittel

geeignet ist, legen Sie sie mit creme- oder elfenbeinfarbenem Pergamentpapier aus. Hübsch gefaltet eignet es sich auch als Dekorationselement, etwa um das Kerzenlicht zu dämpfen und den Raum in zarte, warme Gelborangetöne zu tauchen.

Besonders dekorative Stücke wie die »in Reih und Glied« parallel zu einer Reihe hübscher Gläser angeordneten russischen Puppen kommen noch besser zur Geltung, wenn man sie mit kleinen Teelichten beleuchtet. Aus Eierbechern, kleinen Dosen oder Kästchen, die man selbst verziert, lassen sich außerdem ganz einfach weitere Dekorationen herstellen.

Ein paar besonders ausgefallene, rote oder goldene Gläser können Sie mit dicken, runden Kerzen zu Windlichtern umfunktionieren; dazu noch ein paar Kerzen in kleinen goldenen Haltern, wie man sie für wenig Geld auf jedem Weihnachtsmarkt bekommt.

Verschiedenfarbige, mit aromatisiertem Wodka (Kräuter, Zitrone etc.) gefüllte Fläschchen dienen nicht nur zur Dekoration. Stellen Sie außerdem zu den Wodkagläsern eine große, mit Eiswürfeln gefüllte Glasschale, in der Sie weitere kleine Wodkaflaschen kühlen.

Etwas frisches Grün in Form von ein paar Tannenzweigen lässt an die Taiga denken.

⊙ TIPPS + TRICKS

Die herkömmlichen Glühbirnen für einen Abend durch »Soft-Tone«- oder gelbe Glühlampen austauschen. Das sorgt für ein gedämpftes, warmes Licht.

Der Clou: eine Schale aus Eis. Dazu eine große Glasschüssel mit Wasser füllen, eine kleinere Schüssel hineinstellen, etwas beschweren und so viel Wasser einfüllen, bis der Raum zwischen den beiden Schüsselwänden (die spätere Eisschicht) die gewünschte Dicke hat. Rechnen Sie etwa drei bis vier Zentimeter, damit die Schüssel eine Weile hält. Noch hübscher sieht es aus, wenn Sie noch Blätter oder kleine Tannenzweige zwischen die Wände stecken. Die Schüsseln einige Stunden in die Gefriertruhe stellen und anschließend die Eisschüssel aus der Form stürzen. Die Schüssel bis zum Servieren in die Gefriertruhe stellen und zum Servieren von Eiswürfeln verwenden: dann schmelzen sie nicht so schnell. Die Eisschüssel eignet sich hervorragend zum Kühlen von Wodka und Cidre.

Mit Sprühfarbe einige billige Gegenstände oder besser noch kyrillische Buchstaben, die Sie in verschiedenen Größen aus Pappe ausschneiden, vergolden und die Wände damit verzieren oder, wenn Sie nicht genug andere Dekorationsgegenstände haben, zwischen Ihrer Dekoration verteilen. Sie können aber auch Zweige mit Kunstschnee besprühen.

Fähnchen, Postkarten, russische Poster und Plakate findet man günstig auf Flohmärkten und im Internet (siehe Adressen, S. 297).

Auch hübsche Tierfiguren wie Bären, Wölfe oder Elche, typische Kleidungsstücke wie Pelzmützen (Chapkas) und Fellschuhe, Musikinstrumente wie eine Balalaika, eine Gitarre und Glöckchen aller Art, ein orthodoxes Kreuz, Bernstein oder russischer Schmuck eignen sich zum Dekorieren.

Und denken Sie auch an die richtige Hintergrundmusik: Wenn russische Musik und russische Lieder erklingen, weiß jeder sofort, unter welchem Motto der Abend steht.

Borschtsch

ZUTATEN

2 Rinderbouillon-Würfel
600 g Rote Bete, gekocht
2 Zwiebeln
1/4 Weißkohl
3 Möhren
150 ml Sherryessig
Salz, Pfeffer
125 g saure Sahne *(oder Quark + 2 TL Zitronensaft)*
1/2 Bund Dill, fein geschnitten

ZUBEREITUNG

600 ml Wasser in einem Kochtopf oder einer großen Kasserolle erhitzen und die zerkrümelten Brühwürfel darin auflösen.

Die Rote Bete in Würfel schneiden. Das restliche Gemüse raspeln. Das Gemüse in die Bouillon geben, den Essig hinzufügen und das Ganze etwa 45 Min. köcheln lassen.

Anschließend im Mixer pürieren und abschmecken.

Die Suppe vor dem Servieren mit saurer Sahne und Dill garnieren und die restliche saure Sahne getrennt dazu reichen.

Heiß zu Piroggen mit Fleischfüllung servieren.

Die Suppe noch mit etwas Tomatenmark verfeinern und mit weiterer Bouillon verdünnen.

Piroggen

ZUTATEN

1/2 Wirsing
100 g Butter
2 Zwiebeln, fein gehackt
Salz, Pfeffer
100 g Hackfleisch *(vom Rind, Schwein oder Kalb)*
Olivenöl
100 g Crème fraîche
1 EL Paprikapulver
2 hartgekochte Eier + 1 rohes Ei + 1 Eigelb
400 g Mürbeteig *(selbst zubereitet oder fertig aus dem Kühlregal)*
Milch

ZUBEREITUNG

Den Wirsing waschen und fein schneiden. Die Butter in einer großen Pfanne zerlassen und den Kohl und die Zwiebeln darin sehr weich dünsten, ohne dass sie Farbe annehmen. Mit Salz und Pfeffer würzen.

Das Hackfleisch in einer kleinen Pfanne in etwas Olivenöl anbraten. Mit Salz und Pfeffer abschmecken und Crème fraîche und Paprika unterrühren.

Die hartgekochten Eier mit einer Gabel zerdrücken und in einer Schüssel mit Wirsing und Hackfleisch vermengen. Das Ganze mit dem Ei binden, so dass ein glatter Teig entsteht. Mit Salz und Pfeffer abschmecken.

Den Backofen auf 180 °C (160 °C Umluft) vorheizen. Den Mürbeteig etwa 2 mm dick ausrollen. Mit einem Glas oder einer Form Kreise von ca. 8–10 cm

Durchmesser ausstechen. Etwas Farce in die Mitte der Kreise geben, die Ränder etwa 1 cm breit mit Wasser befeuchten, die Scheiben zu Halbmonden zusammenschlagen und die Ränder mit einer Gabel sorgfältig zusammendrücken.

Das Eigelb mit etwas Milch verquirlen, die Teigtaschen damit bepinseln und 20–30 Min. goldbraun backen.

Blini mit Lachsrogen

ZUTATEN

250 g Weizenmehl
1 Päckchen Trockenhefe
3 Eier
150 g Buchweizenmehl
1/2 TL Salz
1 Prise Zucker
500 ml Milch
50 g zerlassene Butter

ZUBEREITUNG

1 EL Weizenmehl in einer Schüssel mit der Hefe mischen und mit 2 EL lauwarmem Wasser (40 °C) zu einem Vorteig anrühren. Mit einem Geschirrtuch abdecken und 30 Min. gehen lassen.

Die Eier trennen. Weizenmehl, Buchweizenmehl und Salz in einer Schüssel mischen, Eigelb, Zucker, den Vorteig und die lauwarme Milch hinzufügen und alles zu einem glatten Teig verarbeiten. Den Teig mit einem Geschirrtuch abdecken und 2 Std. an einem warmen, zugfreien Ort (ca. 25 °C) gehen lassen. Anschließend die Butter und die steifgeschlagenen Eiweiß unterheben.

Eine Blinipfanne mit etwas zerlassener Butter einstreichen, einen Schöpflöffel Teig hineingeben und bei mittlerer Hitze backen, bis sich an der Oberfläche kleine Blasen bilden und der Teig gestockt ist. Den Pfannkuchen vorsichtig wenden und auf der anderen Seite fertigbacken. Die restlichen Blini ebenso zubereiten.

Einen Teller auf einen Topf mit siedendem Wasser stellen und die fertigen Blini, mit Alufolie abgedeckt, darauf warm halten. So bleiben sie schön weich.

Buchweizen-pfannkuchen

ZUBEREITUNG

Den gerösteten Buchweizen in kochendem Salzwasser nach Packungsanweisung weich garen. Anschließend gut abtropfen lassen.

Die Eier in einer Schüssel mit einer Gabel verquirlen. Den gerösteten Buchweizen, Mehl, Crème double und Butter hinzufügen, mit wenig Salz abschmecken. So viel Sahne dazugeben, dass ein dicker Crêpeteig entsteht.

Die Buchweizenpfannkuchen wie die Blini herausbacken. Da-

bei den Teig vorher immer noch einmal gut durchrühren, damit sich der geröstete Buchweizen gut darin verteilt.

Die Buchweizenpfannkuchen zusammen mit den Blini noch einmal erwärmen und als Beilage servieren. Das Gebäck am besten halbieren und dachziegelartig auf einer Platte anrichten. So kann man sie von den Blini unterscheiden und sie reißen nicht.

ZUTATEN

100 g Kasha *(gerösteter Buchweizen; in Bioläden und Reformhäusern erhältlich)*
Salz
3 Eier
60 g Buchweizenmehl
2 EL Crème double
50 g zerlassene Butter
100 g Sahne

ZUTATEN
4 Stücke Lachs (à 200 g) mit Haut
4 EL grobes Salz
4 EL Kristallzucker
1 TL frisch gemahlener Pfeffer
1 Bund Dill
500 g festkochende Kartoffeln
1 Glas Gewürzgurken

FÜR DIE GRAVED-LACHS-SAUCE
1 EL Savora-Senf
1 TL Honig
1 EL Cidre-Essig
2 EL Öl
1 EL Gurkenbrühe

Graved-Lachs-Canapés

ZUBEREITUNG

Am Vortag 2 Lachsstücke mit der Hautseite nach unten auf einen mit Frischhaltefolie ausgelegten Teller legen und gegebenenfalls entgräten. Das grobe Salz mit Zucker, Pfeffer und der Hälfte des fein geschnittenen Dills mischen und den Lachs damit bestreuen. Den restlichen Lachs mit der Hautseite nach oben darauflegen und die Frischhaltefolie über dem Fisch verschließen. 24 Std. im Kühlschrank marinieren lassen.

Am folgenden Tag den Fisch aus der Marinade nehmen und mit Küchenpapier trockentupfen. Mit einem scharfen Messer in hauchdünne Scheiben schneiden.

Die Kartoffeln unter fließendem Wasser abbürsten und mit der Schale dämpfen. Anschließend abkühlen lassen und in 5 mm dicke Scheiben schneiden.

Die Saucenzutaten mit dem restlichen Dill (einige Fähnchen zum Garnieren beiseitelegen) verrühren.

Die Kartoffelscheiben auf einer Servierplatte verteilen, mit den Lachsscheibchen belegen und jeweils mit 1 Dillfähnchen garnieren. Die Gewürzgurken der Länge nach in dünne Scheiben schneiden und die Platte damit dekorieren.

Mit Zahnstochern servieren und die Sauce und die restlichen Gewürzgurken getrennt dazu reichen. Lachsreste sehr fein würfeln, mit etwas Sauce vermischen und zu Blini und Buchweizenpfannkuchen servieren.

Heringstatar mit Apfel

ZUTATEN UND ZUBEREITUNG

1 Packung geräucherte Heringsfilets (ca. 250 g), 2 säuerliche Äpfel und 1 Bund Frühlingszwiebeln fein würfeln. Aus 150 g Crème double, dem Saft von 1 Zitrone und 1/2 Bund fein geschnittenem Schnittlauch eine Sauce herstellen. Die restlichen Zutaten in einer großen Schüssel oder einem tiefen Teller mit der Hälfte der Sauce mischen und mit Pfeffer übermahlen. Mit Schnittlauchstängeln und einem Apfelfächer (den Apfel mit Zitronensaft beträufeln, damit er nicht braun wird) garnieren und die restliche Sauce getrennt dazu reichen.

Dorschleber-Tarama mit Wodka

ZUTATEN UND ZUBEREITUNG

Den Inhalt von 1 Dose geräucherter Dorschleber (ca. 120 g; in gut sortierten Supermärkten erhältlich) mit 2 EL Mascarpone fein mit der Gabel zerdrücken. In einer Kasserolle 200 ml Wodka um die Hälfte reduzieren, mit Salz, Pfeffer und 1 Spritzer Zitronensaft abschmecken und abkühlen lassen. Anschließend so viel Wodka unter die Dorschleber rühren, bis sie die gewünschte Konsistenz hat. Die Tarama vor dem Servieren einige Stunden kalt stellen und mit Zitronenwürfeln sowie Roggenbrot oder Pumpernickel servieren.

Auberginenkaviar mit Steinpilzen

ZUTATEN
2 Auberginen
Salz, Pfeffer
400–500 g Steinpilze
20 g Butter
1 EL Olivenöl
2 Zwiebeln, gehackt
1–2 Knoblauchzehen, gehackt
1–2 EL Sherryessig
2 EL Crème fraîche
1 EL Tomatenmark

ZUBEREITUNG

Den Backofen auf 200 °C (180 °C Umluft) vorheizen.

Die Auberginen waschen, mehrfach mit einer Gabel einstechen und etwa 20 Min. im Backofen weich garen. Nach der Hälfte der Garzeit umdrehen. Anschließend aus dem Ofen nehmen, etwas abkühlen lassen, längs halbieren und das Fruchtfleisch mit einem Löffel herausschaben. Mit Salz und Pfeffer abschmecken und durch ein Sieb passieren.

Die Steinpilze mit einem feuchten Tuch sauberreiben, kleinschneiden und in der Pfanne dünsten, bis sie keine Flüssigkeit mehr abgeben.

Die Butter mit dem Olivenöl in einer Pfanne erhitzen und die Zwiebeln bei geringer Hitze glasig dünsten. Knoblauch und Steinpilze dazugeben, mit Salz und Pfeffer würzen und das Ganze 5 Min. bei geringer Hitze kochen lassen. Essig, Crème fraîche und Tomatenmark einrühren und die Pfanne vom Herd nehmen. Das Auberginenfleisch im Mixer pürieren und mit der Zwiebelmischung vermengen. Den Auberginenkaviar bis zum Servieren kalt stellen.

Den Auberginenkaviar kuppelförmig in einer hübschen Schale anrichten und die Oberfläche mit einem Löffelrücken glattstreichen. Mit Petersilieblättchen garnieren und zu den Buchweizenpfannkuchen und den Blini stellen.

Honigmousse mit kandierten Früchten

ZUTATEN UND ZUBEREITUNG

Am Vortag 300 g Vollmilchquark oder Schichtkäse in ein Stück Gaze einschlagen und an einem kühlen Ort in einem Sieb abtropfen lassen. Den Quark am besten dabei beschweren.

Am folgenden Tag 4 Eier trennen. Die Eigelb in einem Wasserbad mit 200 g Akazienhonig aufschlagen, bis die Masse eindickt und der Schneebesen eine Spur hinterlässt. Den Topf aus dem Wasserbad nehmen und die Creme weiterschlagen, bis sie erkaltet ist. Anschließend 100 g Mascarpone und den abgetropften Quark hinzufügen. Die Eiweiß steifschlagen und den Eischnee vorsichtig unter die Quarkmischung heben.

Fein geschnittene kandierte Früchte (z. B. Angelika, Orange, Zitrone, Kirschen) mit Zucker an den Wänden einer großen Glasschale festkleben. Die Honigmousse vorsichtig einfüllen, in der Schale verteilen und mit einem Spatel glattstreichen. Mindestens 3 Std. im Kühlschrank fest werden lassen und gut gekühlt mit Waffelröllchen servieren.

Da ich bereits oft im Norden Kanadas war, darf der Ahornsirup in meinen Rezepten natürlich nicht fehlen. Zu diesem Dessert, mit dem ich meine kanadischen Freunde grüße, serviert man in Kanada ein Glas eisgekühlten Cidre.

ZUTATEN

6 Eier
750 ml Vollmilch
50 g Zucker
150–200 ml reiner Ahornsirup

Eischneebällchen auf Ahorncreme

ZUBEREITUNG

Die Eier trennen. Die Milch in einer großen beschichteten Kasserolle erhitzen. Inzwischen die Eiweiß schlagen. Nach einigen Minuten 20 g Zucker einrieseln lassen und die Eiweiß zu festem Schnee schlagen. Mit 2 Esslöffeln Klößchen von dem Eischnee abstechen und einzeln auf jeder Seite 2 Min. in der siedenden Milch pochieren. Mit einem Schaumlöffel herausheben und vorsichtig auf eine Platte legen.

Die Milch anschließend abseihen (Sie benötigen 500 ml), in einen sauberen Topf gießen und bei geringer Hitze aufkochen lassen. Die Eigelb in einer Schüssel mit dem restlichen Zucker schaumig schlagen. Die heiße Milch nach und nach unterrühren, das Ganze in den Topf zurückgießen und bei geringer Hitze eindicken lassen. Dabei laufend mit einem Holzspatel rühren und darauf achten, dass die Creme nicht kocht. Den Topf danach sofort in eine Schüssel mit Eiswasser stellen, um den Kochvorgang zu stoppen.

Den Ahornsirup unter die lauwarme Creme rühren, die Creme vollständig auskühlen lassen und bis zum Servieren in den Kühlschrank stellen.

Zum Servieren die Creme in eine große Schale füllen oder auf Portionsschälchen verteilen und die Eischneebällchen vorsichtig daraufsetzen. Das Dessert kann bereits am Vortag zubereitet und im Kühlschrank aufbewahrt werden (Creme und Eischneebällchen getrennt).

Die Eischneebällchen mit Karamellsplittern verzieren. Dazu 100 g Zucker mit 1 EL Wasser in einer Kasserolle mit dickem Boden erhitzen, bis er Farbe annimmt. Den Karamell auf ein Stück mit Butter eingefettete Alufolie gießen, hart werden lassen und zerstoßen.

In Russland kocht stets Wasser im Samowar, denn man trinkt den ganzen Tag über Tee (russisch *Tschai*), der auch hervorragend zu einem Buffet passt.

Süße russische Teigtaschen

ZUTATEN UND ZUBEREITUNG

1 Ei, 125 g gemahlene Mandeln, 100 g Puderzucker, 100 g weiche Butter, 2 EL Rum und 1 EL Crème fraîche mit einem Holzspatel vermengen. Die Teigtaschen auf die gleiche Weise zubereiten wie die salzigen Piroggen, den Mürbeteig dabei aber durch die gleiche Menge Blätterteig ersetzen und den Teig mehrfach mit einer Gabel einstechen. Die Teigtaschen in den Kühlschrank legen, solange Sie den Herd vorheizen (200 °C, Umluft 180 °C), damit sie bis zum Backen schön durchgekühlt sind.

Ein französischer Dreikönigsbrauch: Backen Sie in eine der Teigtaschen eine getrocknete Dicke Bohne oder eine Mandel ein. Warnen Sie aber bitte Ihre Gäste vor.

FEBRUAR

Verführerische Welt der Mode

Ein Hoch auf die Liebe! Sie allein kann unsere Herzen im kalten Februar erwärmen. Wie wäre es aber, wenn Sie den Valentinstag, das Fest der Liebenden, zur Abwechslung einmal nicht mit den üblichen dicken Blumensträußen, mit all den barocken Herzen und Engeln feierten, sondern im glamourösen Rahmen der Welt der Mode? Überraschen Sie Ihre Gäste mit einer verschwenderischen Dekoration und einem Buffet, auf dem selbst das kleinste Gericht durch seine erlesene Präsentation besticht. Ein romantisches Menü mit raffinierten, aphrodisischen Speisen in einem durch und durch von weiblichen Attributen geprägten Rahmen: Kuchen in der Form von Fingerhüten, verführerische Früchte, zarte, durchsichtige Austern in Aspik, eine Mousse aus exotischen Früchten, die wie ein Cocktail in Sektflöten serviert wird, Wachteln, die als Garnrollen daherkommen, »schicke« kleine Lachs- und Schinkentäschchen und zum Abschluss kleine, zarte Windbeutel mit Rosencreme. Pastellfarben in blassvioletten, grauen und perlmuttfarbenen Tönen, Spiegel und glänzende Materialien verleihen dem Raum etwas von der Intimität und Erotik eines Boudoirs, in dem man hier und da auf einen wertvollen Gegenstand stößt. Ein Loblied auf die weibliche Koketterie, die dem Ambiente, passend zu den leichten, »handgearbeiteten« Speisen, das besondere Etwas verleiht!

Ein Atelier
Eine Garnrolle
Windbeutel

FÜR DIE DEKORATION

DER ORT

Ein großzügiger Salon in einer repräsentativen Altbauwohnung mit Kamin, Spiegel, Kronleuchter und Zierleisten wäre natürlich der perfekte Rahmen. Ist Ihre Wohnung eher modern eingerichtet, sollten Sie alles, was nicht in den Rahmen passt (moderne Beleuchtungskörper, Designermöbel aus Glas oder Metall ...) entfernen oder »verkleiden«. Dämpfen Sie das Licht, hängen Sie ein paar Spiegel auf und stellen Sie kleine Stehlampen und Nippes auf, um dem Raum das richtige Flair zu verleihen.

DIE ACCESSOIRES

Behältnisse wie Hutschachteln, Schmuckkästchen, hübsche Verpackungen und Einkaufstüten bekannter Marken sind genau das Richtige und kosten nicht viel. Dazu etwas zerknülltes farbiges Seidenpapier, ein paar Federboas und Bänder, die Sie einfach hier und da im Raum verteilen.

Hüte, die Sie noch mit Federn und Verzierungen dekorieren können, sind eine gute Alternative.

Mit ein paar Zeichenkartons und Skizzen, die man mit Nadeln an den Wänden befestigt, lässt sich der Raum für wenig Geld in ein »Modeatelier« verwandeln.

Raffhalter für Vorhänge eignen sich hervorragend zum Dekorieren von Lampen, Sektkübeln, Rahmen und Spiegeln.

Große Garnrollen in den Farben Ihrer Dekoration können als originelle Kerzenhalter dienen. Stellen Sie ein paar Spiegel dazwischen, die das Kerzenlicht reflektieren, und ein paar adrette Knopfschachteln mit Perlmuttknöpfen in schillernden Farben, ein paar hübsche Nadeln ...

DER TISCH

Mit einer Schneiderpuppe, einer großen Stoffbahn und etwas Geschick lässt sich ein Kleid zusammenstecken, dessen Schleppe Ihnen als Tischdecke dient. Oder Sie überziehen die Lehnen Ihrer Stühle mit einem

schönen Stoff, den Sie mit einer Schleife, einem Band oder auch mit einem Gürtel befestigen.

Als Tischtuch für Ihren »Modesalon« eignet sich aber auch ein schöner, kunstvoll drapierter Stoff, den Sie an den Ecken mit Samt- oder Tüllschleifen verzieren. Die langen Seiten können zusätzlich noch mit Perlenschnüren dekoriert werden. Perlenschnüre, Bänder und Schleifen finden Sie in Stoffgeschäften.

Beim Geschirr sollten Sie auf Transparenz, Perlmutt oder Pastellfarben setzen. Auch ein schlichtes weißes Geschirr passt zu jeder Farbe.

Bei den Getränken bieten sich bernsteinfarbene weiße Likörweine an. Und natürlich Champagner. Schon die Flaschen sind mitunter so schön, dass man den Champagner nur ihretwegen kaufen möchte.

Zur Kaffee- oder Teestunde kleine pastellfarbene »Knöpfe« aus Zucker oder Würfelzucker in anderen hübschen Formen (Herz, Mund …) servieren.

Die großen Hersteller bringen außerdem laufend neue pfiffige und dekorative Kerzenkollektionen auf den Markt (siehe Adressen, S. 297).

⊙ TIPPS + TRICKS

Kramen Sie in Ihrem Nähkästchen: Aus Fingerhüten, Scheren, Posamenten, Spitzen, Maßbändern etc. lassen sich originelle Tischdekorationen zaubern.

Ebenfalls bestens dafür geeignet sind Parfümflakons, hübsche Puderdosen und andere Kosmetikdöschen.

Für einen perfekten »Modesalon« wäre natürlich ein Lüster ideal.

Die Stoffe mit Fächern (die man z. B. in Asialäden findet) oder buntem Glasschmuck verzieren.

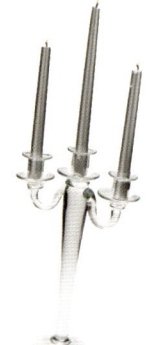

ZUTATEN
24 Austern
1 Stängel Zitronengras
1 kg grobes Salz
1 großes Glas trockener
Weißwein
6 Blatt Gelatine
50 g Heringsrogen

Austern mit Heringsrogen

ZUBEREITUNG

Die Austern öffnen und das »Erste Wasser« abgießen. Die Austernhälften auf ein Backblech setzen und warten, bis sich das – aromatischere – »Zweite Wasser« gebildet hat (das geht sehr schnell). Das »Zweite Wasser« durch ein Sieb in einen kleinen Topf seihen, um Verunreinigungen und Schalenpartikel zu entfernen. Aus den Schalen das Fleisch lösen und sie gründlich säubern.

Das Zitronengras schälen und das zarte, weiße Herz kleinschneiden. 200 ml Wasser erhitzen und das Zitronengras darin ziehen lassen.

Mehrere Teller oder Platten dick mit grobem Salz bestreuen und die Austernschalen in das Salzbett setzen. Den Weißwein und das abgeseihte Zitronengraswasser zum Austernwasser gießen, die Flüssigkeit gegebenenfalls mit etwas Wasser auf 500 ml auffüllen, aufkochen lassen und das Austernfleisch 10–20 Sek. darin pochieren, bis es gerade fest ist. Mit einem Schaumlöffel herausheben und wieder in die Schalen geben.

Die Gelatine in reichlich kaltem Wasser einweichen. Den Topf vom Herd nehmen, die Gelatine in der noch sehr heißen Kochflüssigkeit auflösen, durch ein Sieb seihen und abkühlen lassen.

Den Jus auf die Austernschalen verteilen, mit Heringsrogen bestreuen und die Austern bis zum Servieren kalt stellen.

Die Teller mit (falschen) Zuchtperlen verzieren. Sie bilden einen hübschen Kontrast zu dem schwarzen Heringsrogen.

ZUTATEN
ca. 350 g Feldsalat
40 Jakobsmuschelnüsschen
gesalzene Butter
Mohnsamen

FÜR DIE VINAIGRETTE
1 EL Senf
2 EL Cidre-Essig
4 EL Olivenöl
Salz, Pfeffer

FÜR DEN ZITRUSKARAMELL
1 EL Zucker
2 EL Sherry
Saft von 1/2 Orange
Saft von 1/2 Pampelmuse
2 EL Olivenöl

Jakobsmuscheln in Zitruskaramell

ZUBEREITUNG

Für den Zitruskaramell den Zucker in einer beschichteten Pfanne erhitzen, bis er eine schöne goldbraune Farbe angenommen hat. Mit dem Sherry ablöschen, den Orangen- und Pampelmusensaft hinzufügen und das Ganze sirupartig einkochen lassen. Die Pfanne anschließend vom Herd nehmen und das Olivenöl unterrühren.

Den Feldsalat waschen, vorsichtig trockenschleudern und auf saubere Jakobsmuschelschalen verteilen.

Die Vinaigrette zubereiten und beiseitestellen.

Die Jakobsmuschelnüsschen mit der Butter in einer sehr heißen Pfanne auf beiden Seiten 30 Sek. anbraten. Die Pfanne vom Herd nehmen, den Inhalt mit dem Zitruskaramell ablöschen und die Jakobsmuscheln darin wenden, bis sie mit dem Karamell überzogen sind.

Unmittelbar vor dem Servieren den Salat mit der Vinaigrette anmachen, die Jakobsmuscheln darauf verteilen und mit Mohn bestreuen.

Die Jakobsmuscheln möglichst erst unmittelbar vor dem Servieren anbraten. Als kleines »i-Tüpfelchen« eine Orangenzeste in Juliennestreifen schneiden, kurz in kochendes Wasser legen, trocknen lassen und die Muscheln damit bestreuen. Leere Jakobsmuschelschalen zum Servieren bekommen Sie bei Ihrem Fischhändler.

Lachspäckchen mit Artischocken- mousse

ZUTATEN UND ZUBEREITUNG

300 g frische oder tiefge-kühlte Artischockenböden in Gemüsebrühe weich garen. Abgießen, durch die Lotte drehen oder mit einer Gabel zer-drücken. In einer Schüssel 100 g Crème fraîche mit dem Saft von 1 Zitrone und 1 Prise weißem Pfeffer verrühren und 2–3 EL Schnittlauchröllchen unter-mischen.

Räucherlachsscheiben aus-breiten und in die Mitte jeweils

1 EL Artischockenmousse setzen. Die Lachsscheiben vorsichtig über der Farce ver-schließen. Einen Schnitt-lauchstängel zwischen zwei Fingernägeln flachstreichen und um die Lachspäckchen binden, aber nur lose, damit der Lachs nicht zerreißt. Den Lachs über dem Band vorsichtig nach unten bie-gen, dann rutscht er nicht heraus.

Die Zubereitung der Lachs-päckchen erfordert etwas Ge-schick und Geduld, für die Sie aber mit einem außerordentlich appetitanregenden Ergebnis belohnt werden.

Schinkentaschen mit Feigen und Mozzarella

ZUTATEN UND ZUBEREITUNG

4 frische Feigen und 1 Kugel Büffelmozzarella in kleine Würfel schneiden. Aus 1 zer-drückten Knoblauchzehe, dem Saft von 1 Zitrone, 1 EL Walnuss-essig, 1 EL Walnussöl, 2 EL Oli-venöl und Pfeffer eine Mari-nade herstellen und die Würfel 2 Std. darin einlegen.

In dünne Scheiben geschnit-tenen Parma- oder Landschinken

(die Scheiben sollten gerade so dick sein, dass sie nicht zer-reißen) mit ein paar abgetropf-ten Feigen- und Mozzarella-würfeln belegen und wie oben beschrieben verschließen.

Die Teller wie auf dem Foto noch mit halbierten Feigen und frischen Thymianzweigen gar-nieren.

ZUTATEN
6 Blatt Gelatine
500 ml Möhrensaft
1 EL gemahlener Kreuzkümmel
1 EL Paprikapulver
Salz, Pfeffer
3 Zucchini
4 Möhren

FÜR DIE SAUCE
1 EL flüssiger Honig
1 EL frisch geriebener Ingwer
2 EL Sherryessig
1 Knoblauchzehe, zerdrückt
4 EL Olivenöl

Möhren-Zucchini-Brunoise in würzigem Aspik

ZUBEREITUNG

Die Gelatine in kaltem Wasser einweichen.

Den Möhrensaft mit den Gewürzen erhitzen und sparsam mit Salz und Pfeffer würzen. Den heißen, aber noch nicht kochenden Möhrensaft vom Herd nehmen, die ausgedrückten Gelatineblätter einzeln darin auflösen und die Mischung bei Zimmertemperatur abkühlen lassen.

Inzwischen Zucchini waschen und die Möhren schaben. Zucchini und Möhren der Länge nach in 1 cm breite Scheiben schneiden. Die Möhrenscheiben in den Siebeinsatz des Dampfkochtopfs legen, bissfest garen, vorsichtig herausnehmen, auf Küchenpapier ausbreiten und abkühlen lassen. Mit den Zucchinischeiben ebenso verfahren. Achtung: Die Zucchini haben eine kürzere Garzeit.

Das abgekühlte, abgetropfte Gemüse fein würfeln und auf Schalen oder kleine Gläser verteilen. Den abgekühlten, aber noch flüssigen Möhrensaft noch einmal gut umrühren, damit sich die Gewürze gut verteilen, und über das Gemüse gießen. Die Brunoise anschließend mindestens 6 Std. in den Kühlschrank stellen.

Die Saucenzutaten kräftig miteinander verrühren und die Sauce getrennt dazu servieren.

Die Brunoise kann auch in einer Terrinenform zubereitet werden. Die Gemüsescheiben dann nicht würfeln. Die Form mit Frischhaltefolie auslegen, etwa 1 cm hoch mit Möhrensaft ausgießen und kalt stellen, bis der Saft geliert ist. Anschließend abwechselnd die Möhren- und die Zucchinischeiben einschichten und jede Schicht mit etwas Möhrensaft bedecken. Die Terrine zum Schluss mit dem restlichen Saft auffüllen. In der Terrine zubereitet sieht die Brunoise zwar noch appetitanregender aus, bequemer lässt sie sich allerdings in Gläsern servieren.

ZUTATEN

2 EL Butter
1 EL Öl
2 küchenfertige Wachteln *(oder 2 Hühnerbrüste)*
Salz, Pfeffer
2 Zwiebeln, gehackt
1 Zimtstange
1 Kapsel bzw. Tütchen Safranpulver
(oder 2 g Safranfäden)
1/4 TL geriebene Muskatnuss
1/4 TL geriebener Ingwer
1/4 TL Vier-Gewürze-Pulver
2 Eier
2 EL gehackte Petersilie
1 EL gehackter Koriander
2 EL Mandelblättchen
1 EL Puderzucker
1 EL Orangenblütenwasser

FÜR DIE HÜLLE

1 Packung Kadayîf (in türkischen Lebensmittelgeschäften erhältlich)
etwa 100 g zerlassene Butter

Knusprige Wachtelröllchen

ZUBEREITUNG

1 EL Butter mit dem Öl in einer Pfanne erhitzen und die Wachteln bei starker Hitze rundherum darin anbraten. Mit Salz und Pfeffer würzen, 50 ml Wasser angießen, den Deckel auflegen und die Wachteln etwa 15 Min. garen. Dabei gegebenenfalls noch etwas Wasser nachgießen. Die Wachteln etwas abkühlen lassen, entbeinen und das Fleisch mit dem Messer grob hacken.

Die restliche Butter in der Pfanne erhitzen und die Zwiebeln glasig anschwitzen. Die mit 1 EL heißem Wasser angerührten Gewürze, das Wachtelfleisch und 50 ml Wasser in die Pfanne geben, mit Salz und Pfeffer abschmecken und das Fleisch 5–10 Min. bei mittlerer Hitze sehr weich garen.

Die Eier mit einer Gabel verquirlen, in die Pfanne gießen und bei geringer Hitze so lange rühren, bis die Mischung eindickt. Die Farce in eine Schüssel füllen und Petersilie und Koriander hinzufügen.

Die Mandelblättchen ohne Fett in der Pfanne rösten und mit dem Puderzucker und dem Orangenblütenwasser unter die Farce mischen.

Kleine Würstchen aus der Farce formen und so mit den Kadayîf-Fäden (eine Art Glasnudeln) umwickeln, dass sie wie kleine Garnrollen aussehen. Die Röllchen großzügig mit der zerlassenen Butter bepinseln.

Im 180 °C (Umluft 160 °C) heißen Backofen goldbraun backen. Anschließend in Alufolie verpacken und vor dem Servieren noch einmal bei sehr geringer Hitze im Backofen erwärmen. Lauwarm servieren.

ZUTATEN

300 g dunkle Backschokolade
(65 % Kakaoanteil)
200 g Butter
4 Eier
130 g Zucker
10 kandierte Veilchen,
zerkleinert *(+ einige ganze
Veilchen zum Dekorieren)*

Schoko-Fingerhüte mit Veilchen

ZUBEREITUNG

Die Schokolade bei sehr geringer Hitze mit der Butter in einer Kasserolle schmelzen. Den Topf anschließend vom Herd nehmen. Nacheinander die Eier und danach den Zucker unterschlagen. Die zerkleinerten Veilchen untermischen und die Masse auf kleine Silikon-Becherformen verteilen.

Den Backofen auf 180 °C (Umluft 160 °C) vorheizen und die Fingerhüte je nach Größe der Formen 15–20 Minuten garen. Etwas abkühlen lassen, aus den Formen stürzen und mit den ganzen Veilchen verzieren.

Die Fingerhüte als besonderen Clou noch mit Nadel und Faden dekorieren. Dazu eine Lakritzschnecke etwas entrollen, ein Spießchen als Nadel in das »Fadenende« stecken und den Faden einmal lose um den Fingerhut wickeln. Den Rest der Rolle danebenlegen und das Ganze noch mit bunten Zuckerperlen und Puderzucker verzieren.

ZUTATEN

FÜR DEN BRANDTEIG

100 ml Milch
1 Prise Salz
10 g Zucker
80 g Butter
150 g Mehl
4 Eier

FÜR DIE ROSENCREME

500 ml Milch
3 Eier
50 g Zucker
50 g Mehl
50 ml Rosensirup
200 g eiskalte Sahne

Windbeutel mit Rosencreme

ZUBEREITUNG

Für den Brandteig 100 ml Wasser mit Milch, Salz, Zucker und der in kleine Stücke zerteilten Butter in einer Kasserolle erhitzen, bis die Butter geschmolzen ist und die Mischung kocht. Den Topf anschließend vom Herd nehmen, das Mehl auf einmal hinzufügen und kräftig rühren. Den Topf wieder auf den Herd stellen, bis sich der Teig von den Topfwänden löst. Den Topf vom Herd nehmen und die Eier nacheinander unterrühren, bis der Teig eine elastische Konsistenz hat.

Mit einem Löffel (besser noch mit einem Spritzbeutel) kleine Teighäufchen in ausreichendem Abstand auf das mit Backpapier ausgelegte Backblech setzen und die Windbeutel 30 Min. im 200 °C (Umluft 180 °C) heißen Backofen backen. 10 Min. vor Ende der Backzeit die Backofentür einen Spalt öffnen, damit der Dampf entweichen kann.

Für die Rosencreme die Milch aufkochen. Die Eier in einer großen Schüssel kräftig mit dem Zucker verrühren. Anschließend das Mehl unterrühren. Die kochende Milch in einem dünnen Strahl angießen, die Mischung wieder in den Topf füllen, auf den Herd stellen und die Creme etwa 3 Min. bei sehr geringer Hitze unter laufendem Rühren köcheln lassen. Den Topf anschließend vom Herd nehmen und die Creme mit Frischhaltefolie abdecken (direkt auf die Creme legen), damit sich keine Haut bildet. Den Rosensirup unter die lauwarme Creme rühren und den Topf in den Kühlschrank stellen.

Die eiskalte Sahne mit dem Handmixer schlagen. Ein Drittel der Schlagsahne unter die Rosencreme rühren und die restliche Sahne anschließend vorsichtig unterheben.

Von den ausgekühlten Windbeuteln einen kleinen Deckel abschneiden. Die Creme in einen Spritzbeutel mit gerillter Tülle füllen und die Windbeutel damit füllen.

Die Windbeutel mit Zuckerrosen und silbernen Zuckerperlen dekorieren.

Schoko-Früchte

ZUTATEN UND ZUBEREITUNG

Für diese knackigen, saftigen Leckerbissen eignen sich am besten kleine Früchte, die man im Ganzen zubereiten kann: Weintrauben, Litschis (nur zwei Drittel der Schale entfernen), Johannisbeeren etc. Physalis sehen besonders dekorativ aus, wenn man die Hüllen an den Früchten belässt und vorsichtig nach oben schlägt.

100 g weiße Schokolade (Vollmilch- oder Zartbitterschokolade eignet sich genauso gut) in einer Kasserolle oder im Wasserbad mit 1 TL Olivenöl bei geringer Hitze schmelzen. Die Früchte zur Hälfe in die Schokolade tauchen, zum Trocknen in ausreichendem Abstand auf Pergamentpapier legen und anschließend kühl stellen.

Mangomousse mit Passionsfruchtgelee

ZUTATEN
50 g Zucker
4 Blatt Gelatine
3 reife Mangos
150 g eisgekühlte Sahne
10 Passionsfrüchte *(oder 250 g Passionsfrucht-Coulis)*

ZUBEREITUNG

Den Zucker mit 50 ml Wasser erhitzen, bis er sich aufgelöst hat. Den Topf vom Herd nehmen. 2 zuvor in kaltem Wasser eingeweichte Gelatineblätter ausdrücken und unter Rühren in dem heißen Sirup auflösen. Anschließend kalt stellen.

Die Mangos schälen und pürieren. Mit dem Sirup vermischen und kalt stellen.

Die eisgekühlte Sahne schlagen und vorsichtig unter das Mangopüree heben. Die Creme auf Sektflöten verteilen und in den Kühlschrank stellen.

Die Passionsfrüchte halbieren, das Fruchtfleisch mit einem Teelöffel herauslösen, in ein Sieb geben und den Saft mit Hilfe einer Schöpfkelle auspressen.

Die restliche Gelatine in kaltem Wasser einweichen. Den Passionsfruchtsaft erhitzen (eventuell mit etwas Zucker süßen), die Gelatine ausdrücken und in dem heißen – aber nicht kochenden – Saft auflösen. Abkühlen lassen und den noch flüssigen Saft über die Mangomousse gießen. Bis zum Servieren kühl stellen.

Totally Space

März. Kein Feiertag oder anderer Anlass, den man feiern könnte, und auch das Wetter ist noch zu unbeständig, um jetzt schon an den Frühling zu denken. Doch Moment mal ... Der März, ist der nicht nach dem Gott Mars benannt? Natürlich! Und dann noch der Mars und seine Bewohner! Ein ideales Motto, um in einer »abgehobenen« Dekoration »fantastische« Gerichte auf die Teller – Pardon, die Untertassen natürlich – zu »beamen«. Es ist sehr spannend, mit ausgefallenen Zutaten, Gewürzen und Farben zu experimentieren und daraus ganz ungewohnte Speisen zu kreieren. Und das Ganze präsentiert in einem witzigen »spacigen« Ambiente mit Spielzeugrobotern und anderen Fantasiefiguren. Ihre Gäste werden staunen! Martine und Myriam, meine beiden langjährigen Mitarbeiterinnen, waren ebenfalls begeistert, und es war interessant zu beobachten, mit wie viel Fantasie jede von ihnen eine Dekoration nach ihrem Geschmack gestaltete, von welcher der einschlägigen Filme und Fernsehserien sie sich dabei inspirieren ließen und wie sie dabei wieder zu Kindern wurden. Und so steuerte jede ihre Ideen bei. Große Kochkünste sind für das Menü zu diesem Fest nicht erforderlich. Gefragt ist vor allem Originalität – bei der Dekoration und bei der Präsentation der Speisen. Das Kochen wird also keine allzu großen Ansprüche an Sie stellen. Ich hoffe, Sie haben genauso viel Spaß wie wir.

Eine Raumfähre
Ein Roboter
Sesam

FÜR DIE DEKORATION

DER ORT

Die Form des Raumes spielt eigentlich keine Rolle. Wichtig ist, dass das Zimmer möglichst nüchtern ist, damit man darin eine kühle, von Zeit und Raum losgelöste Atmosphäre schaffen kann.

Wichtigstes Dekorationselement ist ein großer Leuchttisch, den Sie selbst bauen können. Dazu eine große, 5 mm dicke Plexiglasplatte auf Holzböcke auflegen und eine 8-Watt-Leuchtstoffröhre auf halber Höhe unter dem Tisch anbringen oder darunterlegen. Jetzt haben Sie eine große, helle, leuchtende Fläche, die Ihrem Buffet etwas »Außerirdisches« verleiht.

Damit die reflektierenden Materialien, die Sie für die Dekoration verwenden (Aluminium, Edelstahl, Metallpapier, irisierendes Plastik, durchscheinendes Glas etc.) gut zur Geltung kommen, bei der Beleuchtung darauf achten, dass dunkle Bereiche mit hellen abwechseln.

Entlang der Fußleisten, den Leisten von Möbelstücken, in einer Reihe an der Wand oder an der Decke selbsthaftende LED-Spots anbringen (erhältlich in Elektronik-Märkten). Mit diesen Leuchtpunkten wirkt der Raum wie ein Raumschiff.

Und wenn Sie dem Ganzen die Krone aufsetzen wollen, mieten Sie doch eine Nebelmaschine (siehe Adressen, S. 297). Der

Effekt der Lichtstrahlenbündel der Spots multipliziert sich so in einem »überirdischen« Wabern. Garantiert »spacig«!

DIE ACCESSOIRES

Ein Miniaturroboter oder anderes »Weltraumspielzeug«, das man vor eine Lichtquelle stellt, lässt sich als riesiger Schatten auf eine helle Wand projizieren – ein origineller Effekt, der nicht viel kostet.

Dekorieren Sie den Raum verschwenderisch mit Alufolie, überziehen Sie damit beispielsweise Sterne aus Pappe, die Sie im ganzen Raum aufhängen.

Polyurethanschaum (in Bastelgeschäften erhältlich) ist ein interessantes und preis-

wertes Material, das sich modellieren und in Formen gießen lässt, etwa um daraus Meteoriten zu basteln. Zum Schluss noch ein paar Krater hineindrücken und passend anmalen.

Graue oder silberfarbene Spiralschläuche sind leicht und flexibel und lassen sich ganz einfach in Roboter, Raketen oder Startrampen verwandeln, oder man verwendet sie, um ein Stück der Wand, der Decke oder ein Möbelstück zu verkleiden.

Sehr angesagt sind zurzeit durchsichtige oder verchromte Kugeln in unterschiedlichen Größen, die man auf den Boden legt oder aufhängt. Richtig »spacig« wirkt es, wenn man sie in schwarzen Netzstrümpfen (am besten eignen sich Kniestrümpfe oder Strumpfhosen) in unterschiedlicher Höhe als Planeten an der Decke aufhängt.

In Ramschläden finden Sie Lavalampen in den verschiedensten Farben, die mit ihrer Raketenform und den Kugeln, die in ständiger Bewegung sind, perfekt zu Ihrer Dekoration passen.

Dessertringe aus Edelstahl an der Decke aufgehängt eignen sich hervorragend, um daran an durchsichtigen Nylonfäden die verschiedensten Gegenstände – Sterne, Figuren, Planeten, aber auch Perlen oder kleine Lampions – zu befestigen.

DER TISCH

Servierplatten und Kerzen sollten nach Möglichkeit silbern oder mattschwarz sein, das Essgeschirr aus Glas. Leere Konservendosen eignen sich ebenfalls, um darin Speisen zu servieren. Senf, Mayonnaise und verschiedene Saucen werden in Metalltuben angeboten, die man auf den Tisch stellen kann. Perfekt für diese Gelegenheit!

Eine große Edelstahlschüsseln umgedreht auf ein Kuchengitter oder ein Standsieb stellen, mit »Antennen« versehen und mit bunten Punkten bekleben – schon haben Sie ein UFO. Das Ganze mit ein paar Marsmännchen in der Mitte des Buffets platzieren.

Fotos von Planeten ausdrucken oder ausschneiden, auf dünnen Karton aufkleben, die Pappe etwas einschneiden und die Glasränder damit dekorieren. Eine originelle Alternative zu den herkömmlichen Zitrusscheiben.

Richtig »spacig« sieht es aus, wenn Sie beim Eintreffen der Gäste Trockeneis-Nuggets in farbige Cocktails tauchen. Nach einigen Minuten entwickelt sich

ein dichter Nebel, der nicht gesundheitsschädlich ist. Das »Eis« darf nur auf keinen Fall mit den Fingern oder den Lippen in Berührung kommen. Der Effekt hält etwa fünf Minuten an, und das Getränk ist anschließend garantiert gut gekühlt. Oder ein großes Glasgefäß mit gefärbtem Wasser füllen und die entsprechende Menge Trockeneis hineingeben, um einen dichten Nebel zu erzeugen. Wenn Sie das Ganze im Laufe des Abends noch einmal wiederholen wollen, stellen Sie am besten gleich mehrere Gefäße bereit. Die Reaktion wird durch den Temperaturunterschied zwischen der Flüssigkeit und dem Trockeneis ausgelöst. Ist das Wasser erst einmal kalt, lässt die Wirkung nach (siehe Adressen, S. 297).

☉ TIPPS + TRICKS

Anstelle eines Leuchttischs eignet sich auch eine silberne oder goldene Rettungsfolie, die man zur Tischdecke umfunktioniert. Sie sind praktischer als Papierdecken, die häufig recht klein sind.

Silberne Zuckerperlen oder -dragees kosten nicht viel und eignen sich hervorragend zum Dekorieren von Tellern und Platten.

Kleinen Außerirdischen-Figuren oder kleinen Weltraum-Objekten bieten mit schwarzem Sand oder Glasperlen gefüllte Glasvasen oder Windlichter Halt.

Marmorierte Eier

ZUTATEN UND ZUBEREITUNG

24 Wachteleier und 4 Hühnereier in einen großen Topf mit
kaltem Wasser legen und aufkochen lassen. Die Wachteleier 2, die Hühnereier 7 Min.
kochen, abschrecken und kurz
abkühlen. Die Schale rundherum
vorsichtig mit einem Löffel
anschlagen, die Eier aber nicht
schälen. Die Eier in einen Topf
legen, mit Wasser bedecken
und 4 EL Gewürztee, 1 Zimtstange, 2 EL Sojasauce und etwas Salz hinzufügen. Aufkochen
lassen und 1 Std. bei geringer
Hitze köcheln lassen. Die Eier
anschließend im Topf abkühlen

lassen und danach vorsichtig
schälen.

*Als besonderen Clou die Wachtel-
eier auf einem Bett aus deut-
schem Kaviar anrichten und die
Hühnereier in Metalleierbechern
rund um die Platte verteilen.*

ZUTATEN
1 kg tiefgekühlte junge Kalmare
Olivenöl
Salz, Pfeffer
weißer Balsamico-Essig

FÜR DIE PISTAZIEN-VINAIGRETTE
1/2 Knoblauchzehe, durchgepresst
1 kleine Schalotte, fein geschnitten
1 Handvoll grüne Pistazien, grob
gehackt
4–6 EL Pistazienöl
Salz, Pfeffer

Junge Kalmare in Pistazien-Vinaigrette

ZUBEREITUNG

Die Kalmare an einem kühlen Ort in einem Sieb auftauen lassen.

Anschließend einige Minuten in einer großen Pfanne bei starker Hitze im Olivenöl anbraten. Abtropfen lassen, wieder in die Pfanne geben, mit Salz und Pfeffer würzen und mit etwas Balsamico-Essig ablöschen.

Die Vinaigrette-Zutaten gut verrühren. Die Kalmare auf Gläser verteilen, mit etwas Vinaigrette beträufeln und bis zum Servieren kalt stellen. Die Kalmare einige Zeit vor dem Servieren aus dem Kühlschrank nehmen, damit sie nicht zu kalt sind.

Auf die gleiche Weise lässt sich auch kleingeschnittenes Sepia-Fleisch zubereiten, oder Sie mischen Kalmare und Sepia.

Schnecken-Flans mit Petersilien-Coulis

ZUTATEN

4 Knoblauchzehen
1 Dose Weinberg-
schnecken (à 200 g)
Butter
150 g Crème fraîche
3 Eier
100 ml Milch
Salz, Pfeffer

FÜR DAS PETERSILIEN-COULIS

1 Bund glatte Petersilie
50 g Sahne

ZUBEREITUNG

Den Backofen auf 180 °C (160 °C Umluft) vorheizen. Den Knoblauch schälen, 5 Min. in Salzwasser blanchieren, abtropfen lassen und beiseitestellen.

Die Schnecken kleinschneiden und in einer Pfanne in der Butter anbraten.

Den Knoblauch mit der Crème fraîche im Mixer pürieren, die Eier kräftig mit dem Schneebesen verrühren und unter das Knoblauchpüree mischen. Zum Schluss die Milch unterrühren, mit Salz und Pfeffer abschmecken und die Mischung mit den Schnecken vermengen.

Kleine Auflaufformen oder eine Silikonform mit mehreren Mulden mit Butter einfetten und mit Mehl ausstäuben. Die Schneckenmischung auf die Formen

verteilen, in die mit etwas Wasser gefüllte Fettpfanne des Backofens stellen und je nach Größe der Formen 15–30 Min. im Backofen garen. Anschließend vorsichtig mit einem spitzen Messer einstechen, um die Garprobe zu machen. Die Flans etwas abkühlen lassen und aus den Formen stürzen.

Die Petersilie waschen und einige Sekunden in kochendem Salzwasser blanchieren. Auf Küchenpapier gut abtropfen lassen und anschließend im Mixer mit der Sahne zu einem dicken Coulis verrühren.

Die Flans vor dem Servieren mit etwas Petersilien-Coulis umgießen. Die Flans lassen sich – mit Alufolie abgedeckt – auch bei mittlerer Hitze im Backofen aufwärmen.

ZUTATEN

450 g kreolische Boudin-Blutwurst
*(oder eine andere Blutwurst, z. B.
Grütz- bzw. Schwarzwurst)*
500 ml Geflügelbrühe
200 g Sahne
Salz, Pfeffer
1 Dose Ananas in Scheiben (à 340 g)
Butter

Ananas mit kreolischer Blutwurst-Samtsauce

ZUBEREITUNG

Die Boudins in der Geflügelbrühe kochen, anschließend pellen (die Brühe etwas abkühlen lassen, bevor Sie den Darm entfernen, damit Sie sich nicht verbrennen) und wieder in die Brühe legen.

Das Ganze im Mixer pürieren, die Sahne hinzufügen und abschmecken (Vorsicht! Die Würste sind bereits gewürzt.).

Die Ananas gut abtropfen lassen, kleinschneiden und auf Küchenpapier abtrocknen lassen. Die Butter in einer Pfanne erhitzen, die Ananas hinzufügen und karamellisieren lassen. Die Ananaswürfel auf feuerfeste Gläser verteilen.

Die sehr heiße Samtsauce in eine Thermoskanne füllen, damit sie warm bleibt und sich jeder Gast selbst von dieser ungewöhnlichen, aber köstlichen Mischung nehmen kann.

Die Ananas auf kleine Behälter mit Deckel verteilen, die Behälter als »Raumschiff« übereinanderstapeln und die Thermoskanne (möglichst aus gebürstetem Aluminium) als »Rakete« dazustellen.

ZUTATEN
400 g Vitelotten (blaue Kartoffeln)
2 Eier
3 EL Mehl
1/2 Päckchen Hefe
150 ml Milch
100 g Sahne
Salz, Pfeffer
Öl

Blaue Kartoffel-Blini

ZUBEREITUNG

Die Kartoffeln gründlich waschen und mit der Schale in reichlich kochendem Salzwasser garen. Etwas abkühlen lassen und grob raspeln.

Die Eier trennen. Das Mehl mit der Hefe in eine Schüssel sieben, mit 50 ml lauwarmer Milch verrühren und den Teig 20 Min. ruhen lassen. Anschließend die Eigelb, die restliche Milch und die Sahne hinzufügen. Das Ganze zu einem glatten Teig verarbeiten und mit Salz und Pfeffer abschmecken.

Die Eiweiß steifschlagen und vorsichtig unter den Teig heben. Den Teig 30 Min. ruhen lassen und danach die geriebenen Kartoffeln untermischen.

Den Backofen auf 120 °C (100 °C Umluft) vorheizen und das Backblech mit Backpapier oder einer Silikonmatte auslegen.

Eine Blini-Pfanne erhitzen und mit Öl einstreichen, 1 Schöpflöffel Teig hineingeben und bei sehr geringer Hitze auf einer Seite backen. Sobald der Teig unten gerade fest ist, die Blini vorsichtig auf das Backblech gleiten lassen, mit Alufolie abdecken, damit sie oben nicht verbrennen, und etwa 10 Min. im Backofen fertigbacken.

Die Blini mit Alufolie abgedeckt auf einem Teller über einem Topf mit heißem Wasser warm halten und lauwarm servieren.

Durch das Backen in der Pfanne und im Backofen bleiben die Blini auf einer Seite violett. Ist Ihnen das zu aufwendig, können Sie die Blini auch wie gewohnt auf beiden Seiten in der Pfanne braten. Die violette Farbe kommt wieder zum Vorschein, wenn man die Blini vor dem Servieren halbiert. Dazu passt eine mit fein geschnittenen Kräutern verfeinerte und mit Salz und Pfeffer abgeschmeckte Crème fraîche.

ZUTATEN

3 schöne Auberginen
Olivenöl
3 Zwiebeln
4 Knoblauchzehen
1 Tonkabohne (Gewürzladen oder
Apotheke)
Saft von 1 Zitrone
Salz, Pfeffer
4–5 Stängel Basilikum

Auberginenpüree mit Tonkabohne

ZUBEREITUNG

Den Backofen auf 180 °C (160 °C Umluft) vorheizen.

Die Auberginen waschen und der Länge nach halbieren. Das Fleisch rautenförmig einritzen und mit etwas Olivenöl beträufeln. Die Auberginen etwa 30 Min. im Backofen weich garen.

Die Zwiebeln und den Knoblauch schälen, hacken und in einer großen Pfanne bei geringer Hitze in Olivenöl anbraten.

Die Auberginen etwas abkühlen lassen, das Fruchtfleisch herauslösen, in einem Sieb abtropfen lassen und anschließend in eine Pfanne geben. Die Tonkabohne darüberreiben, mit Zitronensaft, Salz und Pfeffer abschmecken und etwa 15 Min. unter gelegentlichem Rühren braten, bis die Flüssigkeit vollständig verdunstet ist.

Die fein geschnittenen Basilikumblätter hinzufügen. Das Püree in eine Charlottenform oder in Portionsformen füllen, einige Zeit an einem kühlen Ort ruhen lassen und vor dem Servieren aus der Form stürzen.

Die Tonkabohne ist ein Gewürz, das im Geschmack etwas dem Süßholz ähnelt. Sie wird gerne zum Aromatisieren von Süßspeisen und für Parfüms verwendet. Servieren Sie das Auberginenpüree mit Blätterteighalbmonden (im Handel erhältlich) oder Kartoffel-Blini.

ZUTATEN

100 g geräucherter Tofu *(in Reformhäusern, Bioläden und gut sortierten Supermärkten erhältlich)*
250 g Sushi-Reis
2 EL Mirin *(japanischer Reiswein)*
2 EL Reisessig
2 EL Sojasauce
2 Beutel Sepia *(Tintenfischtinte)*
Nori-Blätter *(getrocknete Algen für Sushi)*
Wasabi *(japanischer Meerrettich)*
Mayonnaise
eingelegter Ingwer

FÜR DIE MARINADE

1 EL Farinzucker
2 EL Mirin
1 EL Sojasauce

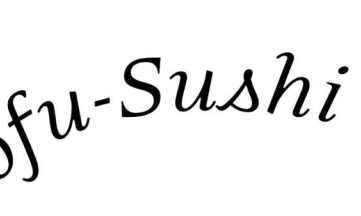

Tofu-Sushi

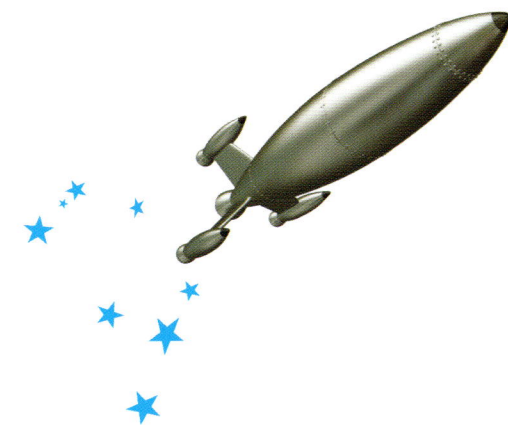

ZUBEREITUNG

Den Tofu in 5 cm lange Stifte schneiden.

Die Marinadenzutaten erhitzen, bis sich der Zucker aufgelöst hat, und den Tofu darin 30 Min. marinieren. Die Marinade kann auch durch fertiges Teriyaki ersetzt werden.

Inzwischen den Reis kochen. Dazu den Reis in 330 ml Wasser erhitzen. Die Wärmezufuhr dann verringern und den Reis 10 Min. zugedeckt köcheln lassen. Den Topf anschließend vom Herd nehmen und den Reis 15 Min. zugedeckt ruhen lassen.

Mirin, Essig und Sojasauce verrühren. Den heißen Reis in eine Schüssel umfüllen und die Sauce nach und nach darunter-

rühren. Die Sepia hinzufügen (dabei darauf achten, dass keine Tinte an Ihre Hände kommt) und so lange rühren, bis der Reis erkaltet ist.

Die Nori-Blätter in 5 cm breite Streifen schneiden, 1 Löffel Reis daraufgeben und mit etwas Marinade beträufeln. Den Reis in der hohlen Hand glattstreichen, den Tofu darauflegen und die Sushis aufrollen.

Das Wasabi mit der Mayonnaise verrühren, den Ingwer in Streifen schneiden und zu den Sushis reichen.

Für die klassische Variante den Tofu durch rohen Fisch (Lachs, Thunfisch, Goldbrasse ...) oder

Garnelen ersetzen. Die Sushis dann aber erst unmittelbar vor dem Servieren zubereiten und darauf achten, dass der Fisch absolut frisch ist. Die Sushis bis zum Servieren kalt stellen.

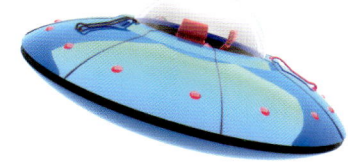

ZUTATEN
4 Blatt Gelatine
200 g Sahne
100 g süße schwarze Sesampaste
(Asialaden)

Bayrische Creme mit schwarzem Sesam

ZUBEREITUNG

Die Gelatine 10 Min. in reichlich kaltem Wasser einweichen.

50 g Sahne aufkochen. Den Topf anschließend vom Herd nehmen, die Gelatine gut ausdrücken und in der Sahne auflösen. Die Sahne gut mit der Sesampaste verrühren und kalt stellen.

Die gut gekühlte restliche Sahne schlagen und vorsichtig unter die Sesammischung heben. Die Creme auf Förmchen verteilen und im Kühlschrank fest werden lassen.

Die Bayrische Creme mit Sesam als kleine fliegende Untertassen servieren. Dazu kleine Schalen auf einem mehrarmigen Kerzenleuchter anrichten. Die fliegenden Untertassen sehen noch »echter« aus, wenn man die Creme rundherum noch mit Mini-Smarties oder M&Ms verziert.

Johannisbeergelee mit Granatapfelkernen

ZUTATEN
600 g tiefgefrorene rote Johannisbeeren
120 g Zucker
3 Blatt Gelatine
Kerne von 3 Granatäpfeln

ZUBEREITUNG

Die gefrorenen Johannisbeeren 10–15 Min. mit dem Zucker in einem Topf mit dickem Boden kochen.

Die Gelatine 10 Min. in reichlich kaltem Wasser einweichen.

Die Johannisbeeren durch ein feines Sieb, möglichst ein Spitzsieb, passieren. Die Früchte dabei gut andrücken, um den Saft möglichst vollständig herauszupressen. Die Kerne wegwerfen. Die gut ausgedrückten Gelatineblätter einzeln sorgfältig im kochend heißen Johannisbeersaft auflösen. Etwas abkühlen lassen und die Granatapfelkerne in den lauwarmen Saft rühren.

Vollständig abkühlen lassen, das noch flüssige Gelee in Gläser füllen und im Kühlschrank fest werden lassen.

Die Kerne lassen sich leichter aus den Granatäpfeln lösen, wenn man über einer Schüssel mit einem Löffelrücken auf die Früchte klopft, so dass die Kerne in die Schüssel fallen.

ZUTATEN
400 g Zucker
4 rosa Pampelmusen
250–300 ml Limettensaft
1 TL frisch gemahlener Sarawak-
Pfeffer *(nach Belieben)*

Geeister Pampelmusen-Limetten-Nektar

ZUBEREITUNG

Aus dem Zucker und 1 l Wasser einen Sirup kochen.

Die Pampelmusen dick abschälen und filetieren. Die Filets etwa 1 Std. in dem Sirup köcheln lassen.

Die Mischung etwas abkühlen lassen und lauwarm mit dem Limettensaft und dem Pfeffer in den Mixer geben.

Den Nektar in Wodkagläser füllen und mindestens 2 Std. kalt stellen.

Sarawak-Pfeffer stammt aus dem gleichnamigen Bundesstaat der Insel Borneo. Es handelt sich dabei um einen außerordentlich feinen, aromatischen Pfeffer. Den Nektar mit Eiswürfeln aus Zitronensaft, Zucker und fein geschnittenem Basilikum servieren.

ZUTATEN

FÜR DIE WEISSE GANACHE-CREME
150 g Sahne
5 Stängel frische Minze
200 g weiße Schokolade

FÜR DIE MOUSSE AU CHOCOLAT
Jeweils 3 weiche Pfefferminz-
und Lakritzbonbons
350 g Sahne
200 g Zartbitterschokolade
(70 % Kakaoanteil)

Schwarz-Weiß-Creme

ZUBEREITUNG

Für die Ganachecreme die Sahne mit den gewaschenen und getrockneten Minzezweigen aufkochen und einige Sekunden köcheln lassen. Den Topf vom Herd nehmen, zudecken und die Minze 10 Min. in der Sahne ziehen lassen. Die Minze anschließend herausnehmen und über dem Topf gut abstreifen.

Die weiße Schokolade raspeln, mit der heißen Sahne übergießen und unter Rühren schmelzen lassen, bis eine glatte Ganache entstanden ist.

Für die Mousse au Chocolat die Bonbons mit 150 g Sahne in eine Kasserolle geben und bei geringer Hitze unter Rühren auflösen.

Die Zartbitterschokolade raspeln, mit der heißen Sahne übergießen und unter Rühren schmelzen lassen, bis eine homogene Masse entstanden ist.

Die Creme anschließend kalt stellen.

Die restliche gut gekühlte Sahne schlagen und vorsichtig unter die erkaltete Mousse au Chocolat heben.

Die Gläser zu zwei Dritteln mit Mousse au Chocolat füllen und die weiße Ganachecreme daraufgeben.

Zum Dekorieren ein paar weiche Pfefferminz- und Lakritzbonbons halbieren, weich kneten und zu schwarz-weißen Kügelchen formen. Die Kügelchen auf Zahnstocher spießen und als kleine Planeten in die Creme stecken. Die Dessertschalen auf silbernen Zuckerperlen oder -dragees anrichten.

APRIL

Rund ums Ei

Wenn sich im April die ersten Narzissen zeigen, ist Ostern nicht weit. Was läge da näher, als dem Ei mit einem Fest Reverenz zu erweisen, zumal dieser kleine Tausendsassa an Vielseitigkeit kaum zu übertreffen ist. Mal hält es sich ganz bescheiden im Hintergrund, um den anderen Zutaten den Vortritt zu lassen, mal übernimmt es selbst die Hauptrolle und wird zum Star all der köstlichen Rezepte, die man ihm »auf den Leib geschrieben hat«. Die Palette der Gaumenfreuden reicht dabei vom obligaten Omelett – hier in einer japanischen Variante – über pikante gefüllte Eier und wachsweiche pochierte Eier im Gemüsebett bis zu knusprig gebackenen panierten Eiern. Und wenn das Huhn mit der Produktion nicht mehr nachkommt, bescheren uns die Fische maritime Genüsse und tragen mit ihrem farbenfrohen, durchsichtigen Rogen obendrein zur Verschönerung dieses rustikalen österlichen Buffets bei, das hier und da durch ein paar besondere Stücke, die etwas aus dem Rahmen fallen, aufgelockert wird. Ich muss zugeben, ich bin sehr stolz auf das Ergebnis, und das Foto des Osterbuffets ist eines meiner liebsten dieses Buches.

Eine Scheune
Körbe
Ein Omelett

FÜR DIE DEKORATION

DER ORT

Der ideale Ort ist natürlich eine hübsche Scheune mit dunklen Holzbalken und weiß gekalkten Wänden. Genauso gut lässt sich aber auch ein eher moderner Raum in ein ländliches Ambiente verwandeln, etwa indem man etwas Stroh auf den Boden streut oder, noch einfacher, große Sträuße aus Getreidehalmen (Weizen, Maiskolben etc.) in großen Tontöpfen im Raum verteilt.

DIE ACCESSOIRES

Ein paar alte landwirtschaftliche Geräte wie Rechen, Schaufeln, Mistgabeln etc. bekommt man beim Trödler je nach Zustand zu den unterschiedlichsten Preisen. Geflochtene Weidenkörbe, Eierkörbe aus Metall, Kästen aus poliertem Holz, alte Vogelkäfige und anderes mehr – Dekorationsgegenstände mit »ländlichem Touch« werden zu dieser Jahreszeit in Hülle und Fülle in den Kaufhäusern angeboten. Und wenn Sie die Möglichkeit haben, am Wochenende aufs Land zu fahren, werden Sie sogar die Qual der Wahl haben.

Mehrarmige Leuchter verleihen dem Tisch einen ganz besonderen Charme und machen den Raum behaglich. Genauso gut eignen sich große Kandelaber oder Kerzenständer, die man noch mit Pampillen oder anderen Anhängern aus Glas dekorieren kann, die sich, wenn man nicht extra Geld dafür ausgeben möchte, vielleicht in der Weihnachtsdekoration finden.

Hühner müssen Sie für diesen Anlass natürlich nicht extra aufziehen. Es gibt hübsche aus Stroh, Eisen oder Glas, die man hier und da im Raum verteilen kann.

DER TISCH

An Geschirr verwende ich kleine Auflauf- und Gratin-

formen, Eierbecher und Servierplatten aus den verschiedensten Materialien und in den unterschiedlichsten Farben und Formen. Das Angebot ist hier nahezu unerschöpflich, und selbst ein kleiner Geldbeutel reicht aus, um den Tisch hübsch zu gestalten (siehe Adressen, S. 297). Ich habe mich für ein vorwiegend weißes Geschirr entschieden, denn es hellt den Raum auf und lässt das Holz besonders gut zur Geltung kommen. Sehr schön sehen auch kleine Kupferteller aus, und eine Mischung

aus Rot und Gelb verleiht dem Tisch eine rustikale Note.

Für Ostern gibt es farbenfrohe, karierte oder gestreifte Tischdecken mit lustigen Tiermotiven, genauso gut eignet sich aber eine alte Tischdecke aus dickem Leinen oder Baumwolle. Ihre Großmutter hat womöglich noch eine im Schrank. Sie sind oft sehr hübsch und mit den Initialen der Familie bestickt. Ist der Tisch aus Massivholz, tun es sogar ein paar große Geschirrtücher, die man als Läufer darauflegt.

⊙ TIPPS + TRICKS

Aus Moos, Katzenkraut, Draht und Zweigen lassen sich hübsche Gestecke basteln, die man in die Mitte des Tisches stellen kann. Aber auch ein Topf mit Gras, das man mit ein paar weißen Federn auflockert, ein Bett aus Moos, mit kleinen Blättern verziert, dekorierte beigefarbene Eierkartons, bemalte Holzkästchen mit Wachteleiern etc. verleihen dem Tisch einen »Hauch von Natur«.

Große Einmachgläser, Schalen mit Fuß oder Bonbongläser mit verschiedenen Eiern (weiße, beigefarbene, braune, getupfte Hühner-, Enten-, Gänse- und – warum nicht? – Straußeneier) gefüllt sind eine preiswerte Dekoration, vor allem wenn Sie die Geduld haben, die Eier, die Sie für die Rezepte benötigen, auszublasen. Da Eier lange haltbar sind, kann man aber getrost

auch gleich ein paar Dutzend kaufen.

Kleine Schiefertafeln, wie man sie in Gärtnereien und auf Märkten benutzt, um Preise oder die Namen der Pflanzen oder Produkte darauf zu schreiben, sind ebenfalls ein passendes Element.

Eierkartons – für sechs oder zehn Eier – und Eierpaletten, in die man in Papierförmchen für Petit Fours bemalte Eier und Schokoladeneier, runde und ovale Kerzen setzt, geben ebenfalls eine sehr preiswerte Dekoration ab, die man noch mit bunten Bändern oder großen Blättern aufpeppen kann.

Kerzen, die diesen in Naturfarben gehaltenen Raum in ein weiches Licht tauchen, dürfen natürlich keinesfalls fehlen. Neben silbernen Elementen platziert, verleihen sie dem ländlichen Ambiente Glanz und eine elegante Note. Den gleichen Effekt erzielt man aber auch mit einem hübschen, mittelgroßen Spiegel, den man als Tablett für Gläser und Karaffen verwenden kann.

Japanische Omelettröllchen

ZUTATEN

5 EL Sesamkörner
8 Eier
4 EL Mirin *(japanischer Reiswein)*
4 EL Sojasauce
4–5 Stängel thailändischer Schnittlauch *(oder kleine Frühlingszwiebeln)*
Öl

ZUBEREITUNG

Die Sesamkörner bei mittlerer Hitze in einer beschichteten Pfanne rösten. Dabei laufend umrühren, denn sie werden schnell schwarz. Anschließend abkühlen lassen.

Die Eier kräftig (aber nicht zu lange) mit der Gabel verquirlen und mit Mirin, Sojasauce, 6 EL Wasser, dem fein geschnittenen Schnittlauch und 3 EL Sesamkörnern verrühren.

Etwas Öl in einer beschichteten Pfanne erhitzen, 1/2 Schöpflöffel der Eiermischung in die Pfanne gießen und bei geringer Hitze stocken lassen. Die Crêpe, wenn sie oben gerade fest ist, an den Rand schieben und auf-

rollen. Zwei weitere Crêpes backen und jeweils um die vorige wickeln. Die Rolle anschließend auf ein Stück Alufolie gleiten lassen.

Das Omelett in der Alufolie fest zusammenrollen, etwas abkühlen lassen und kalt stellen.

Auf die gleiche Weise ein zweites Omelett, ebenfalls aus drei Crêpes, herstellen. Die Eiermischung vorher immer wieder gut durchrühren, damit sich der Sesam und der Schnittlauch nicht am Boden absetzen.

Die Alufolie unmittelbar vor dem Servieren entfernen und die beiden Omeletts in dünne Scheiben schneiden. In jede Scheibe

einen Zahnstocher stecken und die Scheiben mit dem restlichen Sesam bestreuen.

Das Prinzip besteht darin, mehrere dünne Crêpes zu backen und anschließend sofort aufzurollen. Die Zutaten sind für zwei Omeletts bzw. sechs Crêpes berechnet. Die Röllchen können auch noch mit frischem Schnittlauch oder anderen Kräutern und gehackten Erdnüssen oder Cashewkernen bestreut werden.

ZUTATEN
12 kleine, festkochende neue
Kartoffeln
100 g Crème fraîche
einige Stängel Dill
Salz
Pfeffer *(nach Belieben)*
150 g Forellenrogen

Neue Kartoffeln mit Forellenrogen

ZUBEREITUNG

Die Kartoffeln mit der Schale dämpfen (möglichst eierförmige Kartoffeln auswählen).

Die Kartoffeln pellen, solange sie noch heiß sind, die Schale lässt sich dann leichter entfernen. Anschließend halbieren und die Wölbung etwas begradigen, damit die Kartoffeln einen guten Stand haben. Die Hälften mit einem Teelöffel etwas aushöhlen (1 TL Fruchtfleisch). Die Crème fraîche mit dem fein geschnittenen Dill verrühren, mit Salz abschmecken und die Kartoffeln damit füllen. Zum Schluss mit dem Forellenrogen garnieren.

Ein absolut einfaches, köstliches und obendrein dekoratives Gericht. Die Kartoffelhälften, damit sie nicht umkippen, am besten auf einem Bett aus Glasschmalz (auch Queller genannt, erinnert im Geschmack ein wenig an salzige Cornichons) anrichten. Das Glasschmalz kann man dazu oder danach genießen.

ZUTATEN
100 g Tapiokaperlen (*Asialaden*)
200 g Sahne
1/2 Bund Dill
2 Zitronen
200 g Lachsrogen
Salz (*nach Belieben*)

Tapiokaperlen mit Lachsrogen

ZUBEREITUNG

Die Tapiokaperlen nach Packungsanweisung kochen, anschließend abtropfen lassen und mit der Hälfte der flüssigen Sahne verrühren, damit sie nicht zusammenkleben.

Den Dill fein schneiden, die Zitronen auspressen und beides mit der restlichen Sahne verrühren.

Die abgekühlten Tapiokaperlen mit der Sauce vermengen und danach vorsichtig den Lachsrogen unterheben. Bis zum Servieren kalt stellen.

Den Salat auf Gläser verteilen. Sollte er zu kompakt sein, 1–2 Löffel Sahne hinzufügen. Gegebenenfalls noch mit Salz abschmecken (der Lachsrogen ist in der Regel bereits salzig genug).

Gut gekühlt mit Grissini servieren.

Tapiokaperlen verwendet man für gewöhnlich zum Andicken von Suppen oder Desserts.

Bechamelterrine mit Seehasenrogen

ZUTATEN

150 g zimmerwarme Butter
2 unbehandelte Zitronen
1 Spritzer weißer Schalottenessig
300 g Seehasenrogen
(deutscher Kaviar)
4 lange Weißbrotscheiben,
entrindet
Zitronenzesten, Zitronenwürfel
(nach Belieben)

FÜR DIE BECHAMELSAUCE

50 g Butter
100 g Mehl
500 ml Milch
Salz, Pfeffer
geriebene Muskatnuss

ZUBEREITUNG

Für die Bechamelsauce die Butter bei geringer Hitze zerlassen. Das Mehl hinzufügen und 2 Min. unter Rühren kochen lassen. Bei geringer Hitze nach und nach die Milch angießen und dabei kräftig mit dem Schneebesen rühren (damit sich keine Klümpchen bilden), bis die Sauce eindickt. Etwa 10 Min. kochen lassen, bis die Sauce eine püreeartige Konsistenz hat. Mit Salz, Pfeffer und Muskat abschmecken. Frischhaltefolie direkt auf die Sauce legen (damit sich keine Haut bildet) und bei Zimmertemperatur abkühlen lassen.

Die erkaltete Bechamelsauce im Mixer mit der zimmerwarmen Butter zu einer homogenen Masse aufschlagen, die abgeriebene Schale und den Saft von 1 Zitrone (sind die Zitronen nicht besonders saftig, gegebenenfalls noch den Saft einer zweiten Zitrone dazugeben) und einen Spritzer Essig hinzufügen. Gut umrühren und vorsichtig 200 g Seehasenrogen unterheben.

Eine rechteckige Terrinenform kalt ausspülen und mit Frischhaltefolie auslegen (die Terrine lässt sich dann leichter aus der Form stürzen).

Den Boden mit Weißbrot auslegen (die Scheiben gegebenenfalls auf die richtige Größe zurechtschneiden) und das Brot gut 1 cm hoch mit Bechamelsauce bedecken. Den Vorgang so lange wiederholen, bis die Zutaten aufgebraucht sind. Die Frischhaltefolie darüberschlagen und die Zutaten dabei leicht andrücken. Die Terrine vor dem Servieren mindestens 6 Std. in den Kühlschrank stellen.

Die Terrine unmittelbar vor dem Servieren aus der Form stürzen und den restlichen Seehasenrogen darauf verteilen. In breite Scheiben und anschließend in Würfel schneiden. Die Würfel auf Zahnstocher aufspießen und mit Zitronenzesten oder kleinen Zitronenwürfeln garnieren.

ZUTATEN

4 Knoblauchzehen, gehackt
1 Zwiebel, gehackt
1 EL Olivenöl
6 kleine oder 4 große
Paprikaschoten
1 Zweig frischer Thymian
1 TL Zucker
200 g Tomaten-Coulis
Salz, Pfeffer
weißer Essig
6 Eier
Piment d'Espelette (gemahlen)

Geschmolzenes Gemüse mit pochierten Eiern

ZUBEREITUNG

Knoblauch und Zwiebel in einer Pfanne bei mittlerer Hitze im Olivenöl anbraten, ohne dass sie Farbe annehmen. Die in Streifen geschnittenen Paprikaschoten (Wenn Sie genug Zeit haben, die Paprikaschoten vorher 15 Min. in den heißen Backofen legen – dabei einmal wenden –, bis sich die Schale schwarz färbt. Anschließend in einer Plastiktüte abkühlen lassen und die Schale abziehen.), den Thymianzweig und den Zucker dazugeben und einige Minuten anbraten. Das Tomaten-Coulis hinzufügen und das

Ganze so lange bei geringer Hitze köcheln lassen, bis die Paprikaschoten sehr weich sind. Mit Salz und Pfeffer abschmecken.

In der Zwischenzeit einen Topf zu zwei Dritteln mit Wasser füllen, einen Spritzer Essig hinzufügen, aufkochen und die Eier nacheinander darin pochieren. Die Eier dazu vorsichtig über einer kleinen Tasse aufschlagen, das Wasser mit einem Schaumlöffel kräftig durchrühren und das Ei vorsichtig in den Topf gleiten lassen. 2 Min. pochieren, mit dem Schaumlöffel heraus-

heben und auf Küchenpapier abtropfen lassen. Überstehendes Eiweiß abschneiden.

Je 2 EL Gemüse auf 6 Förmchen verteilen, die pochierten Eier darauf anrichten und mit Piment d'Espelette bestreuen. Die Vorspeise kann kalt oder lauwarm serviert werden. Zum Erwärmen die Förmchen in den Siebeinsatz eines Dampfkochtopfs stellen und etwa 10 Min. erhitzen.

ZUTATEN

12 Wachteleier
2 EL Mehl
1 Hühnerei, verquirlt
Salz, Pfeffer
1 TL Paprikapulver
4 EL Paniermehl
Butter oder neutrales Öl

Panierte Wachteleier im Nest

ZUBEREITUNG

Die Wachteleier 3–4 Min. kochen, mit kaltem Wasser abschrecken und vorsichtig pellen.

Das Mehl, das verquirlte Hühnerei und das mit Salz, Pfeffer und Paprika gewürzte Paniermehl auf 3 Schälchen verteilen und die Eier zweimal darin wenden, bis sie gut mit der Panade überzogen sind.

Etwas Butter oder neutrales Öl in einer Pfanne erhitzen und die Eier goldbraun braten. Die Eier, wenn Sie sie bereits im Voraus zubereiten, vor dem Servieren gegebenenfalls noch einmal einige Minuten im heißen Backofen erwärmen.

Aus Nudeln (Tagliatelle, Spa-ghetti ...) Nester formen und die Eier hineinsetzen. Das sieht nicht nur hübsch aus, sondern gibt den Eiern auch Halt.

Gefüllte Eier mit Garnelen und Curry

ZUTATEN

6 Eier
Salz
100 g Tiefseegarnelen, geschält
2 EL Mayonnaise *(oder 1 EL Salatcreme + 1 EL Mayonnaise)*
1 TL Currypulver
Saft von 1 Zitrone

ZUBEREITUNG

Die Eier 10 Min. in kochendem Salzwasser hartkochen.

Inzwischen die Garnelen
hacken und mit Mayonnaise,
Curry und Zitronensaft vermengen.

Die Eier mit kaltem Wasser
abschrecken, pellen, halbieren
und die Eigelb herauslösen.
3 Eigelb mit der Gabel zerdrücken und unter die Garnelen
mischen.

Die Eiweißhälften mit der
Mischung füllen und bis zum
Servieren kalt stellen. Die Eier,
wenn Sie sie mehrere Stunden
im Voraus zubereiten, erst unmittelbar vor dem Servieren
füllen.

*Salatblätter in sehr feine Strei-
fen schneiden und zu Nestern
formen. Die Eierhälften auf
kleinen Nudel- (siehe Foto) oder
Salatnestern anrichten. Für eine
exotische Note die Salatcreme
durch Kokoscreme ersetzen und
die Füllung noch mit 1 TL Tomatenmark anreichern.*

RUND UMS EI / APRIL

ZUTATEN
4 Eier
50 g Zucker
500 ml Milch
200 g Torrone *(weicher
weißer Nougat)*
200 g Sahne

Torrone-Mousse

ZUBEREITUNG

Die Eier trennen. Dabei vorsichtig nur einen kleinen Deckel abschlagen, denn die Schalen werden zum Servieren benötigt.

Die Eigelb und den Zucker mit dem Schneebesen schaumig schlagen.

Die Milch bei geringer Hitze heiß werden lassen, den Torrone in Stücke schneiden und unter Rühren in der Milch auflösen. Die Mischung aufkochen lassen und sofort langsam über das Eigelb gießen. Das Ganze in den Topf zurückgießen und bei geringer Hitze unter Rühren kochen lassen, bis die Creme an einem Löffelrücken haften bleibt. Den Topf vom Herd nehmen und die Creme abkühlen lassen. Dabei gelegentlich umrühren.

Inzwischen die eiskalte Sahne (die Sahne und die Schüssel vorher in den Gefrierschrank stellen) schlagen und vorsichtig unter die erkaltete Torronecreme heben. Die Mousse wird noch luftiger, wenn Sie anschließend noch 4 steifgeschlagene Eiweiß unterheben.

Die Creme in die Eierschalen (oder in kleine Förmchen) füllen und mindestens 4 Std. kalt stellen.

Die Torrone-Mousse vor dem Servieren noch mit Krokant oder karamellisierten Mandelsplittern bestreuen und mit Löffelbiskuits servieren.

Das Buffet noch mit einem dekorativen Korb mit verschiedenen Broten (Hefebrot, Vollkorn-, Leinsamenbrot ...) komplettieren. Wenn Sie nur wenige Gerichte anbieten, noch einen guten Brie dazu servieren, den Sie auf einem Bett aus Stroh in einem Holzkistchen anrichten.

ZUTATEN

100 g weiße Schokolade
50–100 g Sahne
20 Mirabellenhälften *(tiefgekühlt und aufgetaut oder aus der Dose)*
2 EL Aprikosenkonfitüre

Süße Spiegeleier

ZUBEREITUNG

Eine kleine Kasserolle in ein Wasserbad stellen und die Schokolade in etwas Sahne darin schmelzen. Sie sollte cremig und nicht zu flüssig sein. Die geschmolzene Schokolade in ausreichendem Abstand (damit sie nicht zusammenkleben) in Häufchen auf Pergament- oder Backpapier setzen und etwas verstreichen.

Sobald die Schokolade fest zu werden beginnt, in die Mitte – als »Dotter« – jeweils eine Mirabellenhälfte setzen und leicht andrücken.

Die Aprikosenkonfitüre mit 1–2 EL Wasser erhitzen, bis sie flüssig ist, und die Mirabellenhälften damit überglänzen. Die Spiegeleier, sobald sie vollkommen fest sind, auf einer Platte anrichten und kalt stellen.

Sie können die Spiegeleier auch in einer Griffpfanne oder einer kleinen Blini-Pfanne servieren und sie – als Salz und Pfeffer – noch mit gesiebtem Puderzucker und einem Hauch gemahlener Vanille bestreuen.

ZUTATEN
1 Liter Milch
6 Eigelb
75 g Zucker

ZUM AROMATISIEREN
flüssige Vanille, Orangenblütenwasser, flüssiger Karamell oder
Alkohol *(Grand Marnier, Rum,
Kirschwasser ...)*

»Lait de poule«

ZUBEREITUNG

Für die flüssige Variante Milch, Eigelb und Zucker miteinander verrühren und mit einer Zutat Ihrer Wahl aromatisieren. Die Milch wegen der rohen Eigelb erst unmittelbar vor dem Servieren zubereiten.

Für die cremige Variante aus den gleichen Zutatenmengen eine Englische Creme herstellen. Dazu die Eigelb mit dem Zucker schaumig schlagen. Die Milch aufkochen und unter die Eigelb-Zucker-Mischung rühren. Die Mischung wieder in den Topf gießen und bei geringer Hitze unter laufendem Rühren (mit einem Spatel) köcheln lassen, bis die Creme an dem Spatel haften bleibt. Den Topf anschließend vom Herd nehmen und in kaltes Wasser stellen, um den Kochvorgang zu stoppen.

Sie können die Creme mit Armen Rittern servieren. Dazu einige Brioche- oder Weißbrotscheiben in nicht zu schmale Streifen schneiden, in einem mit 1 Glas Milch und 2 EL Zucker verquirlten Ei tränken und in etwas Butter in der Pfanne rundherum goldbraun backen. Die Armen Ritter auf Untertassen oder in einer großen Schüssel anrichten.

Servieren Sie die »Lait de poule« (wörtlich übersetzt Hühnermilch) »stilecht« in einem Milchtopf, in Porzellaneierbechern, kleinen emaillierten Tassen oder Likörgläsern.

Rosarot und saftig grün

Was für ein Vergnügen, im Mai über die Märkte zu schlendern, wo nun wieder das junge Gemüse angeboten wird. Ein paar Kräuter und ein bisschen Öl – mehr braucht man nicht, um den feinen Geschmack dieses aromatischen, knackigen oder zarten Gemüses zu unterstreichen. Die Beeren sind um diese Zeit zwar noch nicht ganz so weit, eignen sich aber durchaus schon für ein Püree oder ein Coulis zu einem leichten Dessert. Ein Grund mehr, die Wiederkehr der schönen Jahreszeit mit zwei ebenso festlichen wie appetitanregenden Farben zu feiern. Dazu passt eine klassisch-elegante Pflanzendekoration aus duftenden Blättern und Blüten in Rosa und Grün, die sich mit Schmetterlingen, Libellen, pickenden Vögeln und Gartenzwergen im Handumdrehen in eine verspielte Variante verwandeln lässt. Ganz im Zeichen des Frühlings stehen auch die luftig-leichten Süßspeisen (Mousses, Bayrische Cremes ...) und das Gemüse, das man einfach roh knabbert oder in einem frischen Salat genießt. Lachs, Bacon, Schinken und Garnelen sind die idealen Begleiter, um den feinen Geschmack des jungen Gemüses ein wenig zu heben. Wer ein rein vegetarisches Buffet bevorzugt, kann sie aber durchaus auch im Kühlschrank lassen ...

Ein Garten
Ein Schmetterling
Eine Mousse

FÜR DIE DEKORATION

DER ORT

Ideal ist eine Terrasse, ein Garten oder ein Park mit Bäumen. Wenn es das Wetter erlaubt und Sie Ihr Buffet im Freien aufstellen können, bietet die Vegetation eine reiche Palette an Grüntönen, so dass der Tisch (Stoffe, Sträuße und Kerzen) vorwiegend in Rosa und Rot gehalten werden sollte. Feiern Sie Ihr Fest nicht im Freien, sollte der Raum möglichst hell sein, damit die Dekoration gut zur Geltung kommt. Sehr preiswert sind bunte japanische Lampions, die Sie als duftige Farbtupfer überall im Raum verteilen können.

DIE ACCESSOIRES

Ein paar abziehbare Schmetterlinge und Vögel, die man an die Wände klebt, vervollkommnen das ländliche, frühlingshafte Flair des Raums.

Aus dekorativen, duftenden Blumen wie Pfingstrosen, Rosen und Lilien, schönen Blättern und feuchten Mooskissen lassen sich elegante Gestecke fertigen, oder man arrangiert sie in hohen Bodenvasen.

Gartenzwerge verleihen der Dekoration einen witzigen, kitschigen Touch und können – natürlich erst, nachdem man sie gründlich gesäubert hat – sogar zum Servieren von Gemüsesticks (Gurke, Radieschen …) dienen. Gerade so, als wären es die sieben Zwerge, die nach getaner Arbeit »Heiho, heiho, wir sind vergnügt und froh!« singend aus dem Gemüsegarten zu Schneewittchen heimkehrten.

Lichterketten, Bänder, kleine Figuren, Spielsachen etc. – was immer Sie in den Farben Rosa, Rot und Grün finden, lässt sich für die Dekoration verwenden.

Ein kleiner Leuchttisch für die Getränke schafft Platz auf dem Tisch und erleichtert das Servieren. Zu diesem Zweck eignet sich jedoch ebenso gut ein

kleiner, hübsch mit rosa Tüll dekorierter Beistelltisch.

Dekorative rosarote und grüne Kerzen geben dieser bukolischen Dekoration den letzten Schliff (siehe Adressen, S. 297).

DER TISCH

Was wäre als Tischdecke für diesen frühlingshaften Tisch besser geeignet als künstlicher Rasen?

Damit das ganz in Rosarot und Grün gehaltene Buffet richtig zur Geltung kommt, verwende ich vorzugsweise durchsichtiges Geschirr.

Besonders ansprechend sieht es aus, wenn man die Speisen portionsweise in Gläsern anrichtet und diese auf unterschiedlicher Höhe anordnet.

Ein Fruchtsaftcocktail aus rosaroten oder grünen Früchten, Champagner oder Weißwein mit Cassis oder Kirschlikör und bunte, dekorative Fläschchen (zum Beispiel verschiedenfarbige Sirupe mit Granatapfel-, Rosen-, Minze-, Pistazienaroma) dürfen ebenso wenig fehlen wie ein Roséwein, den man in einem durchsichtigen Sektkübel kühlt.

⊙ TIPPS + TRICKS

Nicht jeder hat rosafarbene oder grüne Wände in seiner Wohnung. Hier kann man sich aber mit ein paar einfachen Tricks behelfen:

Die herkömmlichen Glühbirnen gegen rosafarbene und grüne austauschen.

Farbiges Metall- oder Seidenpapier eignet sich hervorragend als Verkleidung oder um den Raum damit zu dekorieren.

Haben Sie keinen Ausblick ins Grüne, einfach die Scheiben eines Fensters mit selbstklebender Plastikfolie abkleben (siehe Adressen, S. 298), und schon sieht es so aus, als säßen Sie Mitten in der Natur.

Stellen Sie verschiedene Gefäße (Schalen, große Gläser, Windlichter) mit Dragees, Bonbons, grünen und rosafarbenen Marshmallows, Kieselsteinen, Sand, Blüten, Körnern, Blättern in den Farben Rosa, Rot und Grün auf den Tisch.

Anstelle teurer Schnittblumen eignet sich auch Gemüse als Dekoration (Sträuße aus Artischocken, Grün- und Rotkohl, die man wie Zimmerpflanzen im Raum verteilt, Limettenhälften als Tischdekoration oder rund um ein Möbelstück gelegt, Wassermelonenscheiben, Sträuße aus weißen Rübchen mit Kraut …).

Grüne Äpfel mit einer einzelnen exotischen Frucht, etwa einer Drachenfrucht (sie hat eine herrliche rosa Farbe), in einem hohen Glasgefäß kombiniert, sieht ebenfalls sehr wirkungsvoll aus.

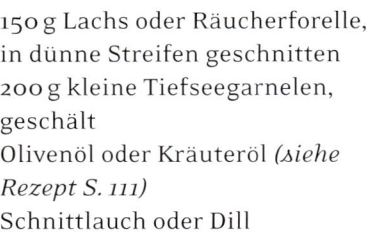

ZUTATEN

250 g Bulgur
Salz
10–50 ml Rote-Bete-Saft
8 schöne grüne
Stangen Sellerie
2 Äpfel (z. B. Jonagold oder
Granny Smith)
2 Zitronen
2 rote Zwiebeln

150 g Lachs oder Räucherforelle,
in dünne Streifen geschnitten
200 g kleine Tiefseegarnelen,
geschält
Olivenöl oder Kräuteröl (siehe
Rezept S. 111)
Schnittlauch oder Dill

Knackiger Salat mit rotem Bulgur

ZUBEREITUNG

Den Bulgur in eine Schüssel geben und mit 200 ml kochendem Salzwasser übergießen. Sobald der Bulgur das Wasser aufgesogen hat, so viel Rote-Bete-Saft hinzufügen, bis er die gewünschte Farbe hat.

Den Stangensellerie putzen, waschen und in kleine Stücke schneiden. Die Äpfel gründlich waschen, mit der Schale kleinschneiden und sofort mit dem Saft von 1 Zitrone beträufeln. Die Zwiebeln in Ringe schneiden, alles mit dem Bulgur vermischen und kalt stellen.

Vor dem Servieren den Lachs – oder die Räucherforelle – und die Garnelen unterheben, den Salat mit dem Saft der zweiten Zitrone und etwas Öl anmachen, in einer dekorativen Glasschale anrichten und mit Schnittlauchröllchen oder Dillfähnchen garnieren.

ZUTATEN

12 Stangen grüner Spargel
300 g Sahne
2 Blatt Gelatine
Kräuteröl *(siehe Rezept S. 111)*
300 g Tarama
1 kleines Bund Dill
Salz, Pfeffer
Saft von 1 Zitrone

Taramamousse mit grünem Spargel

ZUBEREITUNG

Die holzigen Enden der Spargelstangen abbrechen und den Spargel waschen, aber nicht schälen.

Reichlich Salzwasser zum Kochen bringen und den Spargel (aufrecht stehend, so dass die Köpfe aus dem Wasser ragen, damit sie knackig bleiben) darin garen. Die Stangen mit einem spitzen Messer einstechen, um die Garprobe zu machen (das Messer muss mühelos durch die Stangen gleiten). Den Spargel abgießen und sofort in Eiswasser abschrecken, damit er schön grün bleibt. Anschließend abtropfen und auf Küchenpapier trocknen lassen.

250 g Sahne in eine Schüssel gießen und mit den Rührbesen des Handmixers 30 Min. in die Kühltruhe stellen.

Die Gelatine in reichlich kaltem Wasser einweichen. Die restliche Sahne erhitzen und die ausgedrückte Gelatine darin auflösen.

Die Spargelstangen (die Köpfe zum Garnieren aufheben) mit der Gelatinesahne und 1–2 EL Kräuteröl pürieren. Kleine Gläser zu einem Drittel mit der Mischung füllen und in den Kühlschrank stellen, bis die Masse fest ist.

Die Tarama aus dem Kühlschrank nehmen und in einer Schüssel einige Sekunden mit dem Schneebesen aufschlagen. Den Dill waschen und fein schneiden (ein paar Fähnchen zum Garnieren zurückbehalten).

Die kalte Sahne schlagen und mit etwas Salz und Pfeffer würzen. Zum Schluss den Zitronensaft und 4 EL Dill hinzufügen und noch einmal kurz aufschlagen. Die Sahne anschließend vorsichtig unter die Tarama heben.

Sobald die Spargelcreme fest ist, die Gläser mit der Taramamousse auffüllen, mit den Spargelspitzen und Dillfähnchen garnieren und bis zum Servieren in den Kühlschrank stellen.

ZUTATEN
3 Avocados
Saft von 1 Zitrone
grüne Tabasco-Sauce
6 Blatt Gelatine
200 ml Kokosmilch
2 rosa Pampelmusen

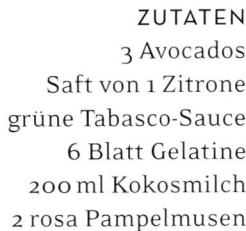

Avocadocreme mit Pampelmuse

ZUBEREITUNG

Die Avocados schälen, pürieren und mit dem Zitronensaft und ein paar Tropfen Tabasco beträufeln.

Drei Gelatineblätter in kaltem Wasser einweichen. Einige Esslöffel Kokosmilch erhitzen und die Gelatine darin auflösen. Mit dem Avocadopüree und der restlichen Kokosmilch verrühren. Kleine Gläser zu zwei Dritteln mit der Creme füllen und die Creme im Kühlschrank fest werden lassen.

1 Pampelmuse dick abschälen und filetieren. Die Filets in 3 oder 4 Stücke schneiden und beiseitestellen.

Die restliche Gelatine in kaltem Wasser einweichen. Die zweite Pampelmuse auspressen. Ein Viertel des Saftes erhitzen und die Gelatine darin auflösen. Den restlichen Saft unterrühren und die Mischung bei Zimmertemperatur stehen lassen, damit sie nicht geliert.

Wenn die Avocadocreme fest ist, die Pampelmusenstückchen darauf verteilen, den Saft darübergießen und die Creme mindestens 4 Std. in den Kühlschrank stellen.

Erbsencreme mit knusprigem Bacon

ZUTATEN

600 g Sahne
1 Gemüsebrühwürfel
500 g Erbsen, frisch oder
tiefgefroren
3 Blatt Gelatine
4 EL Kräuteröl
(siehe Rezept S. 111)
Salz, Pfeffer
etwa 20 Scheiben Bacon

ZUBEREITUNG

500 g Sahne in eine Schüssel füllen und mit den Rührbesen des Handmixers in den Kühlschrank stellen.

Den Brühwürfel in kochendem Wasser auflösen und die Erbsen in der Brühe garen. Abgießen, abtropfen lassen und im Mixer pürieren.

Die Gelatine in reichlich kaltem Wasser einweichen. Die restliche Sahne erhitzen, aber nicht zum Kochen kommen lassen, und die Gelatine darin auflösen. Die Creme unter das Erbsenpüree rühren, etwas Kräuteröl hinzufügen, mit Salz und Pfeffer abschmecken und kalt stellen.

Die gekühlte Sahne schlagen und unter die erkaltete Erbsencreme heben. Das Erbsenpüree, falls es bereits geliert sein sollte, vorher kurz mit dem Schneebesen aufschlagen. Die Creme anschließend auf Gläser verteilen.

Die Baconscheiben auf ein Backblech legen und im 150 °C (Umluft 130 °C) heißen Backofen trocknen, aber nicht rösten. Abkühlen lassen, in einen Plastikbeutel geben und mit dem Nudelholz zerkleinern.

Die Erbsencreme mit dem Bacon bestreuen (Sie können auch einen Teil unter die Creme heben) und die Creme bis zum Servieren kalt stellen.

Garnelen im Lauchmantel

ZUTATEN UND ZUBEREITUNG

Für dieses köstliche, absolut simple Amuse-Gueule 1 Stange Lauch dämpfen, auf Küchenpapier abkühlen lassen, die einzelnen Blätter der Stange längs in jeweils 3–4 Streifen schneiden und jeden Streifen um eine Tiefseegarnele wickeln. Die Amuse-Gueules pur oder mit ein paar Tropfen Kräuteröl *(siehe Rezept unten)* genießen.

Kräuteröl

ZUTATEN
1 Bund Koriandergrün
1 Bund Kerbel
1 Bund Dill
100 ml Traubenkernöl
200 ml Olivenöl

ZUBEREITUNG

Die Kräuter unter fließendem Wasser waschen, einige Sekunden in kochendem Wasser blanchieren, in Eiswasser abschrecken, abtropfen lassen und trockentupfen.

Die Stiele möglichst vollständig entfernen. Die Blätter mit dem Traubenkernöl im Mixer pürieren, 1 Std. ziehen lassen und das Ganze anschließend durch ein feines Sieb passieren.

Das Kräuteröl mit dem Olivenöl verrühren und an einem kühlen Ort aufbewahren.

Dieses außerordentlich aromatische Kräuteröl eignet sich hervorragend zum Aromatisieren von Gemüse-Mousses und zum Verfeinern von Vorspeisen. Sie sollten es deshalb möglichst stets vorrätig haben.

Leichte Schinken-Brokkoli-Terrine

ZUTATEN
20 g Butter
50 g Mehl
300 ml Milch
Salz, Pfeffer
Muskatnuss
4–5 Brokkoliröschen
14 Scheiben Jambon de Paris
1 Ei + 2 Eiweiß
1 Bund Petersilie

ZUBEREITUNG

Zunächst eine dicke Bechamelsauce herstellen. Dazu die Butter in einer Kasserolle zerlassen. Das Mehl hinzufügen und bei geringer Hitze kurz anschwitzen. Nach und nach die Milch mit dem Schneebesen einrühren, bis die Sauce kocht. 2–3 Min. unter laufendem Rühren kochen lassen, mit Salz, Pfeffer und geriebener Muskatnuss abschmecken und abkühlen lassen.

Den Brokkoli dämpfen (er sollte noch bissfest sein), anschließend sofort in Eiswasser abschrecken und abtropfen lassen.

8 Scheiben Schinken im Mixer pürieren und mit Ei und Eiweiß, Bechamelsauce und der gehackten Petersilie (ein paar Stängel zum Garnieren zurückbehalten) verrühren. Den Backofen auf 180 °C (160 °C Umluft) vorheizen und ein Wasserbad vorbereiten.

Eine rechteckige, beschichtete Terrinenform mit dem restlichen Schinken auslegen. Die Scheiben sollten sich dabei etwas überlappen und am Rand ein gutes Stück überstehen, damit sie anschließend über die Füllung geschlagen werden können.

Die Form zur Hälfte mit der Schinkenmousse füllen. Die Brokkoliröschen mit den Köpfen nach unten darauf verteilen. Die restliche Mousse einfüllen, die Schinkenscheiben darüberschlagen und das Ganze mit Alufolie abdecken.

Die Terrine in das Wasserbad stellen und 40 Min. im Backofen garen. Am Ende der Garzeit mit einem spitzen Messer einstechen, um die Garprobe zu machen (das Messer sollte beim Herausziehen sauber bleiben). In der Form auskühlen lassen und bis zum Servieren in den Kühlschrank stellen. Die Terrine erst unmittelbar vor dem Servieren aus der Form stürzen.

Käsekugeln im Pistazienmantel

ZUTATEN UND ZUBEREITUNG

Grüne, geschälte und ungesalzene Pistazien grob hacken. Aus einem nicht zu weichen Ziegenfrischkäse kleine Kugeln formen und in den Pistazien wälzen.

Pistazien-Panna-Cotta mit Kirsch-Coulis

ZUTATEN

6 Blatt Gelatine
750 g Sahne
75 g Zucker
30 g Pistazienpaste
(siehe Adressen, S. 297)
170 g Sauerkirschkonfitüre
2 EL rotes Johannisbeergelee
Kerne von 1 Granatapfel

ZUBEREITUNG

Die Gelatine in kaltem Wasser einweichen. Die Sahne mit dem Zucker in eine beschichtete Kasserolle geben und die Pistazienpaste bei geringer Hitze darin auflösen. Dabei laufend mit einem Holzspatel umrühren. Langsam aufkochen lassen und die Herdplatte dann ausschalten. Die Gelatineblätter ausdrücken und einzeln in der heißen Creme auflösen. Die Creme etwas abkühlen lassen. Die lauwarme Creme auf Gläser verteilen (die Gläser sollten zu drei Vierteln gefüllt sein) und 4 Std. in den Kühlschrank stellen.

Die Sauerkirschkonfitüre und das Johannisbeergelee bei geringer Hitze leicht erwärmen und mit dem Pürierstab durchrühren, um Schalen und Fruchtstücke zu zerkleinern.

Wenn die Pistaziencreme fest ist, das Kirsch-Coulis (Sie können auch eine fertige Kirschsauce nehmen. Sie sollte allerdings relativ dick sein oder Sie kochen sie noch einmal mit Gelierzucker auf.) etwa 1 cm hoch darauf verteilen.

Die Creme zum Schluss mit Granatapfelkernen verzieren.

ZUTATEN
600 g Sahne
8 Blatt Gelatine
250 ml Erdbeer-Coulis
250 ml schwarzes Johannisbeer-Coulis
50 g Puderzucker
6 Kiwis
einige Minzeblätter
einige Granatapfelkerne

Erdbeermousse mit Kiwi

ZUBEREITUNG

Die Sahne in eine Schüssel füllen und mit den Rührbesen des Handmixers 30 Min. in die Gefriertruhe stellen. Die Gelatine in reichlich kaltem Wasser einweichen.

Das Erdbeer- und das Johannisbeer-Coulis bei geringer Hitze in einer Kasserolle erhitzen. Die Gelatine gut ausdrücken und die Blätter nacheinander in dem heißen, aber nicht kochenden Coulis auflösen. Das Coulis vollständig abkühlen lassen und dabei gelegentlich umrühren.

Die Sahne aus der Gefriertruhe nehmen und schlagen. Sobald sie fest zu werden beginnt, den Puderzucker hinzufügen und so lange weiterschlagen, bis sich kleine Spitzen bilden, wenn man die Rührbesen herauszieht.

Die Sahne vorsichtig unter das Coulis heben und die Creme mindestens 6 Std. in den Kühlschrank stellen, bis sie fest ist.

Die Kiwis schälen, kleinschneiden, mit einer Gabel grob zerdrücken und etwa 30 Min. in einem Sieb abtropfen lassen.

Die Kiwistückchen unmittelbar vor dem Servieren auf den Mousses verteilen und das Ganze mit Minzeblättchen und Granatapfelkernen verzieren.

Himbeertartelettes mit Rosencreme

ZUTATEN

1 Portion fertiger Sandteig oder
12 fertige Tartelettes *(oder kleines,
rundes Sandteiggebäck)*
500 g Himbeeren
einige Pistazien, grob gehackt

FÜR DIE LEICHTE KONDITORCREME

500 ml fettarme Milch
3 Eier
75 g Zucker
50 g Mehl
3–4 EL Rosensirup

ZUBEREITUNG

Den Backofen auf 180 °C (160 °C Umluft) vorheizen. Mit einer Ausstechform oder einem Glas 12 Kreise aus dem Sandteig ausstechen.

Die Teigscheiben auf ein mit Backpapier ausgelegtes Backblech legen oder 12 mit Öl eingefettete Torteletteformen damit auskleiden und 15 Min. backen. Dabei darauf achten, dass der Teig nicht zu dunkel wird. Anschließend aus dem Ofen nehmen und abkühlen lassen.

Für die Konditorcreme die Milch in einer beschichteten Kasserolle aufkochen. Die Eier und den Zucker in einer Schüssel mit dem Schneebesen schaumig schlagen. Dann zunächst das Mehl und anschließend nach und nach die heiße Milch unterrühren. Dabei darauf achten, dass sich keine Klümpchen bilden. Die Mischung in die Kasserolle zurückgießen, aufkochen und 3 Min. unter Rühren kochen lassen.

Die Creme wieder in die Schüssel füllen und dicht mit Frischhaltefolie bedecken, damit sich keine Haut bildet. Abkühlen lassen, mit dem Rosensirup färben und kalt stellen.

Die kalte Creme unmittelbar vor dem Servieren noch einmal kurz mit dem Schneebesen aufschlagen und auf die Tartelettes verteilen. Mit den Himbeeren belegen und mit den Pistazien bestreuen.

Marzipanmonde

ZUTATEN UND ZUBEREITUNG

1 Packung rosafarbene und 1 Packung grüne Marzipanrohmasse kleinschneiden, zu kleinen Halbmonden formen.

Die grünen Halbmonde mit je 1 Praline Rose, die rosafarbenen Halbmonde jeweils mit 3 grünen Pistazien verzieren.

JUNI

Willkommen an Bord

Die lauen Juniabende haben mich auf die Idee gebracht, mein Buffet einmal aufs Wasser zu verlegen. Und so haben wir – auch ohne Meeresbrise und Gischt – an den Seine-Quais mit Blick auf die Nationalbibliothek und im Schein der Pariser Straßenlaternen an Bord der *Boudeuse* ein maritimes Ambiente geschaffen. In einjähriger Arbeit auf einer bretonischen Werft ist es Patrice Franceschi, dem Eigentümer und Kapitän, gelungen, das Schiff nahezu originalgetreu zu restaurieren, und man fühlt sich an Bord des prächtigen Dreimasters beinahe in die Zeit zurückversetzt, in der er erstmals auf große Fahrt ging. Die *Boudeuse* wurde vor fast hundert Jahren in Holland gebaut und segelt seit 2004 unter französischer Flagge über die Weltmeere. Wie zur Zeit der großen Entdeckungsreisen, als sich Abenteurer und Forscher aufmachten, die Welt zu Wasser und zu Lande zu erkunden, kann man mit der *Boudeuse* auch heute noch auf Abenteuer- und Entdeckungsreise gehen. Ich habe deshalb versucht, dem Genius Loci mit einem Geschirr Rechnung zu tragen, das an das Bleikristall, das Silber und Zinn der damaligen Zeit erinnert. Spitzentischdecken und edles Besteck bringen das Holz besonders gut zur Geltung. Das perfekte Ambiente für ein erlesenes Schlemmermenü mit maritimen Genüssen, denen ich als Reminiszenz an die Zeit, als die Gewürzstraße noch das Zentrum des Gewürzhandels war, gelegentlich eine orientalische Note verliehen habe.

Ein Schiff
Ein Sextant
Gewürze

FÜR DIE DEKORATION

DER ORT

Wenn Ihnen (was zugegebenermaßen nicht gerade der Normalfall ist) kein Dreimaster zur Verfügung steht, lässt sich der Zauber dieses Ambientes mit einem großen Segel nachempfinden, das Sie als Tischdecke über Ihr Buffet breiten und mit Seilen dekorieren.

DIE ACCESSOIRES

Seile und Kordeln aller Art sind für wenig Geld zu haben und eignen sich hervorragend zum Dekorieren von Platten, Tischdecken, Rahmen, Kästen, Spiegeln, ja sie können für einen Abend sogar die Raffhalter Ihrer Vorhänge ersetzen. Oder Sie machen Ringe daraus, die Sie im Zimmer aufhängen. Mit Draht lassen sie sich in die gewünschte Form biegen, so dass man alle möglichen Gegenstände damit einrahmen oder umwickeln kann: Gläser (in die Sie anschließend das Besteck stellen), Flaschen, Geschirr, Windlichter oder Lampenschirme. Die Kordel einfach um den betreffenden Gegenstand legen oder wickeln und mit Klebstoff oder Draht befesti-

gen. Übrigens: das ist *die* Gelegenheit, endlich den Seemannsknoten zu lernen – können Knoten in verschiedenen Größen doch als Halter und Ständer dienen.

Große, mit Muscheln, Sand oder Kieselsteinen gefüllte Kristallschalen oder Gläser, in die man Kerzen stellt, lockern das Buffet auf und verleihen ihm Glanz.

Und denken Sie auch an die klassischen nautischen Instrumente wie Sextant, Fernrohr und Kompass, Steuerrad, Bullauge, Armillarsphäre etc.

... oder andere Gegenstände, die einen Bezug zum Meer und zur Seefahrt haben: Sturmlaternen, Bojen, Rettungsringe, Globen, Seekarten, Schiffsglocken ...

DER TISCH

Gefäße und Formen in der Form von Seesternen, kleinen Schiffen, Barken sind eine gute Alternative zum zerbrechlichen Geschirr.

Große, bunte oder perlmuttfarbene Muscheln (vorher gründlich auswaschen) eignen sich hervorragend als Teller (siehe Foto »Schwimmende Inseln«, S. 139).

Zum Servieren von Gemüsecremesuppen sind kleine Goldfischgläser ein hervorragender Ersatz für Suppenteller oder -schalen.

⊙ TIPPS + TRICKS

Es müssen nicht immer Blumen und Muscheln sein. Auch aus Gewürzen – Zimtstangen, Sternanis, Muskatnüsse, Gewürznelken, Kreuzkümmel – lassen sich dekorative Gestecke fertigen. Man kann sie aber auch symmetrisch in der Mitte des Tisches anordnen oder in kleinen Töpfen über den Tisch verteilen.

Ein großes, mit grün oder blau gefärbtem Wasser gefülltes Glasgefäß eignet sich für alle schwimmenden Dekorationsgegenstände wie Kerzen, Blumen, Schiffchen ...

Für passionierte Segler: Aus weißem Stoff Dreiecke ausschneiden und mit Zahlen aus schwarzem Klebeband bekleben – fertig ist Ihre Regatta!

ZUTATEN

1 kg Möhren
1 Kräutersträußchen
1 Gemüsebrühwürfel
1 kg Miesmuscheln, gesäubert
250 ml trockener Weißwein
1 Zwiebel, gehackt
1/2 Bund Petersilie
100 ml Kokosmilch
1 TL Fünf-Gewürze-Pulver
(chinesische Gewürzmischung)
1 TL gemahlener Kreuzkümmel
Salz, Pfeffer

Möhrencremesuppe mit Miesmuscheln

ZUBEREITUNG

Die Möhren schälen und in Scheiben schneiden.

In einem großen Topf Wasser zum Kochen bringen, das Kräutersträußchen und den Gemüsebrühwürfel hinzufügen und die Möhren darin garen.

Inzwischen die Muscheln bei starker Hitze in einem Kochtopf mit Weißwein, Zwiebel und Petersilie kochen, bis sie sich geöffnet haben. Dabei gut umrühren, damit die Muscheln gleichmäßig garen. Anschließend in einem Sieb etwas abkühlen lassen. Die Kochflüssigkeit dabei auffangen und durch ein feines Sieb seihen. Das Muschelfleisch aus den Schalen lösen und beiseitestellen.

Die gegarten Möhren im Mixer mit der Kokosmilch pürieren und das Püree gegebenenfalls mit etwas Kochflüssigkeit (von den Muscheln oder den Möhren) verdünnen. Die heiße Cremesuppe mit den Gewürzen abschmecken und die Muscheln hineingeben.

Schneller geht es, wenn Sie tiefgefrorene Muscheln nehmen, die Sie nach dem Auftauen direkt in die heiße Suppe geben können. Die Kokosmilch kann auch durch Sahne ersetzt werden. Die Möhrencremesuppe warm oder kalt genießen.

»Selleriegrieß« mit Krebsremoulade

ZUTATEN

FÜR DEN »SELLERIEGRIESS«
1 große oder 2 kleine Sellerie-
knollen
2 EL Olivenöl
Salz
Zitronensaft
2 TL Meerrettich
2 TL Mayonnaise
100 g Sahne

FÜR DIE KREBSREMOULADE
200 g Krebsfleisch, zerkleinert
Saft von 1 Limette
1 EL Mayonnaise
50 g Sahne

ZUBEREITUNG

Für den »Selleriegrieß« den Sellerie schälen, in Stücke schneiden und im Mixer sehr fein hacken. Einige Minuten dämpfen, bis er gerade weich ist und anschließend zwischen mehreren Lagen Küchenpapier trocknen lassen.

Das Olivenöl in einer großen Pfanne erhitzen und den Sellerie darin anschwitzen, ohne dass er Farbe annimmt. Mit Salz abschmecken, mit etwas Zitronensaft beträufeln, in eine Schüssel umfüllen und abkühlen lassen.

Den Meerrettich mit der Mayonnaise und der Sahne verrühren. Anschließend nach und nach vorsichtig den Sellerie unterheben. Gegebenenfalls nicht den ganzen Sellerie verwenden, denn er sollte mit der Sauce überzogen sein, aber die Mischung sollte locker bleiben und nicht verkleben.

Den »Selleriegrieß«, je nachdem, ob Sie die Vorspeise als Fingerfood servieren wollen oder ob sie mit Besteck gegessen werden soll, auf Salatblättern oder in Muschelschalen anrichten. Für die Krebsremoulade das Krebsfleisch vorsichtig mit Limettensaft, Mayonnaise und Sahne verrühren. Mit 2 Löffeln Klößchen von der Masse abstechen und auf den »Selleriegrieß« setzen.

ZUTATEN
1 mittelgroßer Seeteufelschwanz

FÜR DEN FISCHFOND
10 g Butter
250 ml trockener Weißwein
Saft und Schale von
1 unbehandelten Limette
1 Kräutersträußchen
1 Gemüsebrühwürfel
1/2 TL Vier-Gewürze-Pulver
Salz, Pfeffer

FÜR DAS SAFRANASPIK
6 Blatt Gelatine
2 g Safranfäden
1 Stück (3 cm) frischer Ingwer
Salz, Pfeffer
1 unbehandelte Zitrone

Seeteufel in Safranaspik

ZUBEREITUNG

Den Seeteufelschwanz häuten, die Mittelgräte entfernen (beides aber nicht wegwerfen) und die Filets kalt stellen.

Für den Fischfond die Butter in einer großen Kasserolle zerlassen. Die Gräten und die Fischabfälle 5 Min. darin anbraten und dabei mit einem großen Holzlöffel zerdrücken. Mit dem Weißwein ablöschen, die restlichen Zutaten hinzufügen und 1 1/2 Liter Wasser angießen.

Aufkochen und 20 Min. kochen lassen. Den Fond anschließend etwas abkühlen lassen und durch ein Sieb seihen. Die Fischabfälle dabei gut ausdrücken und danach wegwerfen.

Die Seeteufelfilets in den Fischfond legen, den Fond zum Kochen bringen und die Filets 10 Min. bei geringer Hitze pochieren. Anschließend in der Brühe abkühlen lassen und auf Küchenpapier abtropfen lassen.

Für das Safranaspik den Fischfond nochmals durchseihen, damit er klar wird. 750 ml Flüssigkeit abmessen (den Rest für ein anderes Gericht verwenden oder einfrieren) und erhitzen, aber nicht zum Kochen kommen lassen. Die Gelatine 5 Min. in kaltem Wasser einweichen. Den Safran in die Brühe geben. Anschließend den geschälten und geriebenen Ingwer und die ausgedrückte Gelatine hinzufügen. Mit Salz und Pfeffer abschmecken und abkühlen lassen.

Die Seeteufelfilets in kleine Medaillons zerteilen. Die Zitrone in dünne Scheiben schneiden. Etwas Safranaspik in kleine Auflaufformen füllen und im Kühlschrank fest werden lassen. Jeweils 1 Zitronenscheibe und 1 Seeteufelmedaillon daraufleggen, mit Aspik auffüllen und mindestens 6 Std. kalt stellen.

Die Medaillons anschließend aus den Formen stürzen. Dazu mit einem Messer, das Sie zuvor in heißes Wasser getaucht haben, an den Wänden entlangfahren oder die Formen einige Sekunden in heißes Wasser stellen.

Tiefgefrorenen Seeteufel in einer Mischung aus gleichen Teilen Milch und Wasser auftauen und anschließend abtropfen lassen. Zum Kochen können Sie auch fertigen Fischfond aus dem Glas nehmen.
Die Medaillons mit Sternanis und Zimtstangen garnieren. Das warme Braun harmoniert sehr gut mit dem leuchtenden Gelb des Safrans. Dazu passt eine Zitronenmayonnaise.

ZUTATEN
3 Salatgurken
Salz
500 g Räucherlachs,
in Scheiben geschnitten
1 Bund Dill
200 g Sahne
Saft von 1 Zitrone
100 g Lachs- oder Forellenrogen

Gurken-Tagliatelle mit
Lachs und Dillsahne

ZUBEREITUNG

Die Gurken mit dem Spar-schäler schälen und das Frucht-fleisch, nicht die Kerne, der Länge nach – ebenfalls mit dem Sparschäler – in »Tagliatelle« hobeln. Die Gurkenstreifen mit etwas Salz bestreuen und 15 Min. in einem Sieb ent-wässern.

Den Lachs mit der Schere der Länge nach in 1 cm breite Strei-fen schneiden.

Den Dill fein hacken (einige Fähnchen zum Garnieren auf-heben) und mit Sahne und Zitro-nensaft verrühren.

Die Gurkenstreifen gut aus-drücken, mit dem Lachs mischen und auf einer Platte oder in Por-tionsschälchen anrichten.

Mit etwas Sauce begießen, mit dem Rogen bestreuen und mit dem restlichen Dill gar-nieren.

Rochenterrine mit Tomate

ZUTATEN

»Courtbouillon« oder Hummer-
bzw. Fischfond
weißer Essig
1 Rochenflügel
Olivenöl
2 Zwiebeln, gehackt
500 g stückige Tomaten (Dose)
60 ml Kokosmilch
1/2 eingelegte Zitrone
1/2 TL Currypulver
Salz, Pfeffer
5 Blatt Gelatine

ZUBEREITUNG

Die Courtbouillon (den Fond oder die restliche, eventuell mit etwas Wasser gestreckte Seeteufelbrühe) aufkochen, 1 Spritzer Essig hinzufügen und den Rochenflügel je nach Größe 10–15 Min. darin pochieren. Den Rochen in der Brühe abkühlen lassen, dann häuten und vorsichtig in lange Stücke teilen, die Sie auf Küchenpapier trocknen lassen.

Etwas Olivenöl in einer Pfanne erhitzen und die Zwiebeln darin weich dünsten. Die Tomaten hinzufügen und das Ganze einige Minuten reduzieren. Die Kokosmilch, die abgespülte und fein gewürfelte eingelegte Zitrone und das Currypulver dazugeben und weitere 10 Min. bei geringer Hitze köcheln lassen. Mit Salz und Pfeffer abschmecken.

In der Zwischenzeit die Gelatine in reichlich kaltem Wasser einweichen. Die Tomatenmischung vom Herd nehmen und die ausgedrückten Gelatineblätter einzeln darin auflösen. Anschließend abkühlen lassen.

Eine rechteckige Terrinenform mit Frischhaltefolie auslegen. Die Folie dabei am Rand großzügig überstehen lassen. Die Tomatenmischung etwa 2 cm hoch einfüllen und darauf eine Schicht Rochen verteilen. Den Vorgang so lange wiederholen, bis die Zutaten aufgebraucht sind. Den Abschluss sollte eine Tomatenschicht bilden. Die Folie darüberschlagen, die Zutaten dabei leicht andrücken und die Oberfläche glätten. Die Terrine mindestens 6 Std. in den Kühlschrank stellen und anschließend aus der Form stürzen.

Die Terrine vor dem Servieren mit einem Elektromesser in nicht zu dünne Scheiben schneiden und mit Glasschmalz garnieren.

ZUTATEN
250 g getrocknete weiße Bohnen
*(oder 1 großes Glas/große Dose
abgetropfte weiße Bohnen)*
1 Kräutersträußchen
Salz, Pfeffer
2 Stangen Sellerie ohne Grün
1/2 Bund glatte Petersilie
1/2 Bund Koriandergrün
4 Schalotten oder
2 rote Zwiebeln
450 g gemischte Meeresfrüchte,
in Öl eingelegt
100 ml Weißwein
50 ml Sherryessig

Weiße-Bohnen-Salat mit Meeresfrüchten

ZUBEREITUNG

Die getrockneten Bohnen 12 Std. einweichen. Anschließend mit dem Kräutersträußchen in einen Topf mit kaltem Wasser geben, aufkochen und bei geringer Hitze weich garen. Zum Schluss mit Salz abschmecken. Die Bohnen, wenn Sie sie im Voraus kochen, in der Kochflüssigkeit kalt stellen, damit sie nicht austrocknen.

Die Bohnen abtropfen lassen. Den Sellerie kleinschneiden, Petersilie und Koriander fein schneiden, die Schalotten schälen und hacken. Das Gemüse zu den Bohnen geben, das Ganze vorsichtig mit den Meeresfrüchten, Weißwein und Essig mischen und mit Salz und Pfeffer abschmecken.

ZUTATEN
400 g Schwarzkirschen
3–4 EL Puderzucker

FÜR DEN CRUMBLETEIG
120 g ungesalzene Pistazien,
geschält
120 g weiche Butter
200 g Mehl
100 g Zucker

Kirsch-Crumble
mit Pistazien

ZUBEREITUNG

Die Pistazien in der Küchenmaschine fein mahlen. Den Backofen auf 180 °C (160 °C Umluft) vorheizen.

Sämtliche Teigzutaten mit den Fingerspitzen zu einem krümeligen Teig verkneten.

Die Streusel auf einem mit Backpapier ausgelegten Backblech verteilen und etwa 10 Min. backen. Dabei darauf achten, dass sie nicht zu dunkel werden. Die Streusel anschließend auf dem Blech abkühlen lassen (sie werden dabei ein bisschen hart) und danach in eine Schüssel umfüllen.

Die Kirschen waschen, entstielen und über einem Topf entsteinen, um den Saft aufzufangen. Die Früchte einige Minuten bei geringer Hitze mit dem Zucker im Saft pochieren und anschließend abkühlen lassen.

Eine Schicht Streusel in kleine Formen oder in Gläser füllen, darauf eine Schicht Kirschen mit Saft verteilen und das Ganze zum Schluss mit einer Schicht Streusel bestreuen.

Die Crumbles mit ganzen Kirschen mit Stielen oder mit ein paar schönen grünen Pistazien dekorieren. Wenn Sie zu wenig Saft haben, einfach etwas rotes Frucht-Coulis unter die Kirschen rühren (schwarze Johannisbeere verleiht dem Ganzen eine köstliche säuerliche Note). Sollten Sie wenig Zeit haben, nehmen Sie einfach Sauerkirschen aus dem Glas. Den Zucker dann weglassen und den Sirup bei mittlerer Hitze auf etwa 150 ml einkochen lassen.

Schwimmende Inseln

ZUTATEN

FÜR DIE INSELN
Butter für die Form
10 Pralines Roses, gemahlen
8 Eiweiß
Salz
160 g Zucker

FÜR DIE ENGLISCHE CREME
4 Eigelb
75 g Zucker
400 ml Vollmilch
10 Pralines Roses, zerstoßen

ZUBEREITUNG

Den Backofen auf 180 °C (160 °C Umluft) vorheizen und ein Wasserbad darin vorbereiten.

Eine Charlottenform (oder mehrere kleine, nicht zu flache Formen) mit Butter einfetten und mit den gemahlenen Pralines Roses ausstreuen.

Die Eiweiß mit 1 Prise Salz steifschlagen. Den Zucker hinzufügen und so lange weiterschlagen, bis der Eischnee fest ist und glänzt. Den Eischnee in die Form füllen, mit einem Holzspatel gut andrücken und glattstreichen. Die Form in das Wasserbad stellen und die Inseln je nach Größe der Form 30–60 Min. backen.

Die Inseln anschließend in der Form abkühlen lassen und in den Kühlschrank stellen.

Für die Englische Creme die Eigelb und den Zucker mit dem Schneebesen schaumig schlagen. Die Milch in einer Kasserolle aufkochen und nach und nach über die Eigelbmischung gießen. Dabei kräftig mit dem Schneebesen schlagen, damit das Eigelb nicht gart. Die Mischung wieder in die Kasserolle füllen und bei sehr geringer Hitze erhitzen, bis die Creme an einem Löffelrücken haften bleibt. Dabei laufend mit einem Spatel umrühren und darauf achten, dass die Creme nicht zum Kochen kommt. Den Topf danach einige Sekunden in kaltes Wasser stellen, um den Kochvorgang zu stoppen.

Die zerstoßenen Pralines Roses unterheben (einige zum Dekorieren zurückbehalten). Sie schmelzen in der Creme. Abkühlen lassen und bis zum Servieren kalt stellen.

Die Inseln aus der Form stürzen, auf der Creme anrichten und mit den restlichen zerstoßenen Pralines Roses verzieren.

ZUTATEN

FÜR DIE MOUSSE
5 Bananen
Saft von 1 Zitrone
80 g Zucker
250 g Mascarpone

ZUM DEKORIEREN
2 Bananen, in Scheiben
geschnitten
20 g Farinzucker
20 g Butter
5 cl Rum

FÜR DEN KARAMELL
20 g Butter
5 cl Rum
50 g Farinzucker
Sahne

Bananenmousse mit Rum-Karamell

ZUBEREITUNG

Die Bananen mit Zitronensaft und Zucker im Mixer pürieren. Den Mascarpone mit dem Schneebesen aufschlagen, unter das Bananenpüree rühren und die Mousse kalt stellen.

Die Bananenscheiben vorsichtig mit dem Farinzucker mischen. Die Butter in einer Pfanne erhitzen und die Bananenscheiben auf beiden Seiten goldbraun braten. Mit dem Rum flambieren und die Pfanne dabei schwenken.

Die Bananenscheiben mit Hilfe einer Palette nebeneinander in ein leicht mit Butter eingefettetes Gefäß legen (sie kleben dann beim Abkühlen nicht fest). Die Bratflüssigkeit in der Pfanne für den Karamell verwenden.

Für den Karamell die Pfanne wieder auf den Herd stellen. Den Rum und die Butter hineingeben und den Bratfond mit einem Spatel vom Boden lösen. Den Zucker hinzufügen und zu einem dicken Sirup einkochen lassen. Dabei laufend mit dem Spatel rühren. Zum Schluss etwas flüssige Sahne einrühren. Die Mischung gegebenenfalls noch etwas einkochen lassen, wenn sie nicht dick genug ist. Den Karamell anschließend beiseitestellen.

12 Gläser zu zwei Dritteln mit der Bananenmousse füllen, die Bananenscheiben in einem Halbkreis am Rand verteilen und unmittelbar vor dem Servieren etwas Karamell in die Mitte gießen.

Limettencreme mit Sandgebäck

ZUTATEN

FÜR DIE LIMETTENCREME
1 unbehandelte Zitrone
100 ml Zuckerwasser
4 Eier
200 ml Limettensaft
160 g Zucker
100 g zimmerwarme Butter

FÜR DAS SANDGEBÄCK
4 Eigelb
120 g Zucker
160 g weiche Butter
230 g Mehl
Salz
1 Päckchen Backpulver

ZUBEREITUNG

Die Zitrone dünn abschälen, die Schale hacken, einige Sekunden in kochendem Zuckerwasser blanchieren und abtropfen lassen.

Für die Limettencreme die Eier mit dem Limettensaft in einer großen, hitzebeständigen Schüssel aufschlagen und anschließend Zucker, die abgetropfte Zitronenschale und die Butter hinzufügen.

Die Schüssel auf einen Topf mit kochendem Wasser stellen und die Mischung bei geringer Hitze 10–15 Min. rühren, bis eine dicke Creme entstanden ist. Die Creme abkühlen lassen, dabei gelegentlich umrühren, auf 12 Förmchen verteilen und kalt stellen.

Den Backofen auf 200 °C (180 °C Umluft) vorheizen.

Für das Sandgebäck die Eigelb mit dem Zucker schaumig schlagen. Die Butter und danach das gesiebte Mehl, 1 Prise Salz und das Backpulver unterrühren. Den Teig zu einer Kugel formen, in Frischhaltefolie einschlagen und mindestens 2 Std. im Kühlschrank ruhen lassen.

Den Teig 2–3 mm dick ausrollen und mit einem Ausstecher, einem Glas oder einer kleinen Schüssel Plätzchen daraus ausstechen. Ein Stück Backpapier mit Butter einfetten, auf ein Backblech legen und die Kekse mit ausreichendem Abstand darauf verteilen. Das Gebäck gegebenenfalls in mehreren Gängen backen.

Die Plätzchen 8 Min. backen, abkühlen lassen und an einem trockenen Platz in einer luftdicht verschlossenen Dose aufbewahren.

JULI

Tour de France

Seit mehr als hundert Jahren zieht die Tour de France alljährlich im Juli die Radsportfans an. Seit den 1930er-Jahren kann man das Sportereignis auch am Radio und seit den 1960er-Jahren vor dem Fernseher verfolgen. Wir wollen aber einmal eine »Tour«-Party im Stil der 1950er-Jahre feiern. Es hat großen Spaß gemacht, gemeinsam mit meinen wunderbaren Stylisten nach Kultobjekten aus dieser Zeit zu suchen. Frankreich erlebte nach dem Zweiten Weltkrieg eine Zeit des Aufbruchs. Durch die vielen Veränderungen, die die Motorisierung, der bezahlte Urlaub und neue Erfindungen mit sich brachten, erweiterte sich der Horizont. Die Franzosen wurden zunehmend mobiler. Campingplätze schossen wie Pilze aus dem Boden, und Urlauber und andere Schaulustige fanden sich entlang der Rennstrecke ein, um das Ereignis bei einem ausgelassenen Picknick hautnah mitzuerleben. Auch wenn Sie vielleicht kein Fan der »Tour« sind: Laden doch auch Sie einmal Freunde ein, um irgendwo im Grünen gemeinsam mit ihnen einen Abend in fröhlicher, entspannter Atmosphäre zu verleben, der Sie so richtig in Urlaubsstimmung versetzt. Ich habe mir dazu ein paar Rezepte für Leckereien ausgedacht, die man an einem einfachen Klapptisch in den letzten warmen Strahlen der Abendsonne aus der Hand genießen kann.

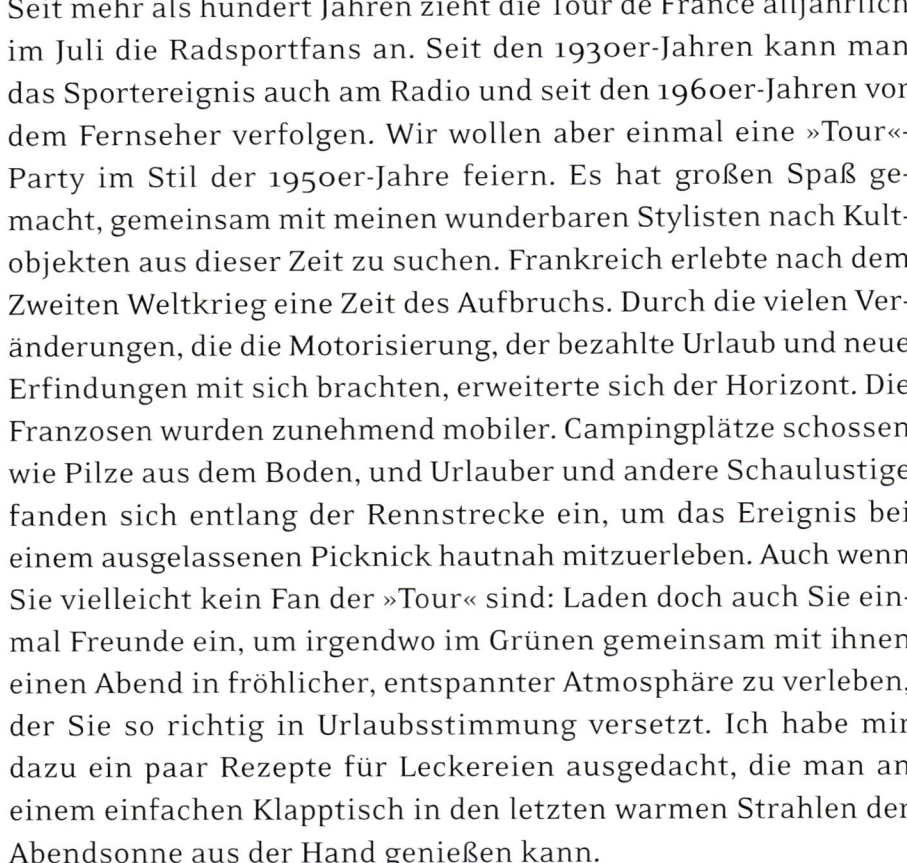

Eine Wiese
Eine Kühltasche
Rillettes

FÜR DIE DEKORATION

DER ORT

Wenn Sie im Juli schon Urlaub machen können, ist eine kleine, abgelegene Straße an einer Wiese der ideale Platz. Ein Auto im Stil des 2 CV wäre natürlich der Clou, vor allem, wenn sich auch noch das Verdeck öffnen ließe. Ein anderer Oldtimer tut es aber auch.

Wenn Sie im Juli noch keinen Urlaub haben und in der Stadt wohnen, werden Sie es umso mehr genießen, an einem schönen Abend oder am Wochenende einen kleinen Ausflug aufs Land zu machen. Die Aufnahmen unseres Schlemmerpicknicks sind im Vexin entstanden, nur eine knappe halbe Stunde von Paris entfernt und doch in abso-

lut ländlicher Umgebung. Rund um Paris und andere Städte findet man viele hübsche, ruhige Plätzchen, die sich für ein abendliches Picknick eignen.

In der Provinz ist man meistens noch schneller im Grünen. Wenn Sie nicht von den Ordnungshütern vertrieben werden wollen, dürfen Sie eines allerdings keinesfalls tun: ein Feuer entzünden.

Und denken Sie bitte auch an die Umwelt, richten Sie keine Schäden an und sammeln Sie vor der Heimfahrt alle Ihre Abfälle ein.

DIE ACCESSOIRES

Bitten Sie Ihre Gäste, nach typischen Gegenständen für

Ihre 50er-Jahre-Dekoration Ausschau zu halten. So haben Sie mehr Zeit, um köstliche kleine Speisen zusammenzurühren, und Sie schaffen damit, ähnlich wie bei Kostümfesten, die etwas Fantasie erfordern, eine kommunikative Atmosphäre. Ist doch jeder neugierig darauf, was die anderen so aufgetrieben haben. »Kultige« Dekorationsgegenstände im Stil der Fünfziger wären zum Beispiel eine Vespa, ein Velosolex, ein Plattenwechsler, eine Leica, ein Transistorradio, ein Akkordeon, ein Sonnenschirm mit Fransen, Alu-Klappstühle und ein großer, bunt gemusterter Sonnenschutz. Spiele, die zur damaligen Zeit in Mode waren (Boccia, Würfel-,

Karten- und Geschicklichkeitsspiele, Krocket), finden sich vielleicht ebenfalls noch im hintersten Winkel eines Schranks oder der Garage. Dachböden sind oft eine wahre Fundgrube für solche Schätze, und Ihre Eltern und Großeltern werden großes Vergnügen daran haben, gemeinsam mit Ihnen in Erinnerungen zu schwelgen und Gegenstände und Kleidungsstücke, die damals angesagt waren, auszugraben.

DER TISCH

Ein einfacher Campingtisch oder ein paar Tischböcke und eine Platte und eine gepunktete oder pastellfarbene Wachstuchdecke – das ist alles, was Sie brauchen.

Dazu passen emailliertes Blechgeschirr mit einfachen Motiven und Gläser, Krüge und Servierplatten in kräftigen Farben. Ideal für ein Picknick sind stapelbare Vorratsdosen aus Plastik, die gerade wieder groß in Mode sind. Auch Thermoskannen in nostalgischen Dekors sind zurzeit sehr angesagt und eignen sich perfekt für Kaffee, einen Cocktail oder eine kalte Suppe (zum Beispiel ein Gazpacho).

Denken Sie daran, die Kühlaggregate für Ihre Kühltasche rechtzeitig in die Gefriertruhe zu legen. Zum Kühlen eignen sich übrigens auch Flaschen mit gefrorenem Wasser. So haben Sie auch gleich noch gut gekühltes Wasser, nicht nur für den Pernot zum Aperitif, sondern, wenn Sie die Flaschen immer erst bei Bedarf aus der Kühlbox nehmen, für den ganzen Abend. Ein paar gut gekühlte Flaschen Cidre und Bier sollten ebenfalls nicht fehlen.

Um nicht Gefahr zu laufen, dass sich das trockene Gras entzündet, sollten Sie auf Kerzen verzichten. Stattdessen als Farbtupfer ein paar Lampions und Fähnchen an den Ästen aufhängen. Als Beleuchtung eignen

sich Solarleuchten, die Sie tagsüber aufladen. Sehr praktisch und vollkommen gefahrlos! Sie bekommen sie in vielen Ausführungen in Baumärkten und Gartencentern.

⊙ TIPPS + TRICKS

Noch einfacher als ein Tisch ist eine große Woll- oder Bodendecke, wie man sie bei einem klassischen Picknick benutzt. Und denken Sie auch an ein paar Kissen. Man sitzt so bequemer, und sie schützen vor den kleinen Biestern, die im Sommer ihr Unwesen treiben.

Witzig sind auch alte Werbeträger (Dosen, Gläser, Krüge, Flaschenöffner, Schirmmützen etc.) bekannter Marken, die heute vielfach wieder aufgelegt werden.

Wenn Kinder dabei sind, besorgen Sie sich Limonade in Fünfziger-Jahre-Flaschen und denken Sie an typische Kuchen und Süßigkeiten (Leckmuscheln, Brausepulver, bunte Pastillen, Pfefferminzbonbons und Fruchtdrops etc.) aus den Fünfzigern.

ZUTATEN
1 Zwiebel
2 Gewürznelken
1 Möhre
150 g grüne Puy-Linsen
1 Kräutersträußchen
Salz
1 Gemüsebrühwürfel
1 Schellfischfilet (300–400 g)
4 Schalotten
einige Stängel glatte Petersilie

FÜR DIE SAUCE
4 EL grobkörniger Senf
2 EL Crème fraîche
2 EL Sherryessig
Pfeffer

Linsensalat mit Schellfisch und Senfsauce

ZUBEREITUNG

Die Zwiebel schälen und mit den Gewürznelken spicken. Die Möhre schälen und in Scheiben schneiden. Beides mit den Linsen und dem Kräutersträußchen in einen großen Topf mit kaltem Wasser geben, aufkochen und so lange köcheln lassen, bis die Linsen bissfest gegart (aber nicht weich) sind. Ein paar Min. vor Ende der Kochzeit mit Salz abschmecken, anschließend abgießen und abkühlen lassen.

In einem Topf Wasser zum Kochen bringen, den Brühwürfel darin auflösen und den Fisch einige Minuten bei geringer Hitze in der Brühe pochieren.

Die Brühe abseihen und 1/2 Glas zurückbehalten.

Die Schalotten hacken und mit den kalten Linsen in eine Schüssel geben. Die Saucenzutaten verrühren und die Sauce mit einigen Löffeln Fischbrühe verdünnen.

Die Linsen mit der Sauce anmachen, den kleingezupften Fisch hinzufügen (einige schöne Stücke zum Garnieren zurückbehalten) und die Zutaten vorsichtig vermengen.

Den Salat mit dem restlichen Fisch und einigen Petersilienblättchen bestreuen. Die restliche Sauce getrennt dazu reichen.

Glacierte Radieschen

ZUTATEN UND ZUBEREITUNG

2 Bund Radieschen waschen und das Grün abschneiden. 30 g Butter in einer kleinen Pfanne zerlassen und die Radieschen einige Minuten darin anschwitzen, ohne dass sie Farbe annehmen. 1 EL Zucker, 1 gestrichenen TL Salz und 50 ml Wasser hinzufügen und das Ganze so lange köcheln lassen, bis die Radieschen weich sind. Die Pfanne dabei gelegentlich schwenken. Wenn die Flüssigkeit verdunstet ist und die Radieschen zu schnell bräunen, gegebenenfalls noch etwas Wasser angießen. Sie sollten rot und bissfest bleiben. Die Radieschen kalt mit 1 Prise Pfeffer zum Aperitif genießen.

Saure Sardinen-Ingwer-Rillettes

ZUTATEN

50 g Crème double
1 Messerspitze Safranfäden
1 Knoblauchzehe
1 Stück (2 cm) frischer Ingwer
1 eingelegte Zitrone
2 Dosen Sardinen im eigenen Saft
(oder in einer leichten Marinade, aber keine Ölsardinen)
Saft von 1 Limette
2 EL fein geschnittene Petersilie
1 EL Schnittlauchröllchen
Pfeffer

ZUBEREITUNG

Die Crème double erhitzen, den Topf vom Herd nehmen und den Safran darin ziehen lassen.

Knoblauch und Ingwer schälen und fein hacken. Die eingelegte Zitrone abspülen, die Schale fein würfeln und das Fruchtfleisch wegwerfen.

Mit einer Gabel die Sardinen mit dem Limettensaft zerdrücken, mit den restlichen Zutaten vermengen, mit der Crème double binden und mit Pfeffer abschmecken.

Das Rillettes auf hübsche Sardinenbüchsen verteilen und gut gekühlt servieren.

Dazu passt am besten geröstetes Maisbrot, für ein Picknick eignen sich aber auch kleine Schwedenbrödli oder einfach nur Zwieback.

ZUTATEN
3 Eier
100 g Mehl
1 Päckchen Backpulver
100 ml Milch
100 ml Olivenöl
150 ml mittelscharfe Tomatensauce für Tacos
100 g geriebener Greyerzer
1 große Dose Thunfisch im
eigenen Saft (150 g)
Salz, Pfeffer
1 walnussgroßes Stückchen Butter
etwa 20 grüne Oliven, entsteint

Thunfisch-Tomaten-Brot

ZUBEREITUNG

Den Backofen auf 200 °C
(180 °C Umluft) vorheizen.

In einer Schüssel die Eier verquirlen und mit dem gesiebten
Mehl und dem Backpulver verrühren. Milch, Öl, Tomatensauce,
Greyerzer und Thunfisch hinzufügen und mit Salz und Pfeffer
abschmecken. Die Zutaten gut
miteinander vermengen und
den Teig in eine mit Butter eingefettete Ringform füllen. Die
Oliven gleichmäßig darauf
verteilen und etwas in den Teig
drücken.

Das Brot etwa 30 Min. backen.
Am Ende der Backzeit mit einem
spitzen Messer einstechen,
um festzustellen, ob es durchgebacken ist. Wird das Brot

beim Backen oben zu dunkel,
mit Alufolie abdecken. Das
Brot nach dem Backen etwas
abkühlen lassen und aus der
Form stürzen.

*Damit das Brot beim Transport
nicht bricht, schlagen Sie es am
besten in Frischhaltefolie ein
und legen es wieder in die Form.
Mit ein paar Schnittlauchstängeln und 1/2 Cocktailtomate
lässt sich das Brot im Handumdrehen – passend zum Motto –
in ein Rad verwandeln.
Soll das Brot weniger pikant
sein, die Tomatensauce durch
2 mittelgroße Dosen Thunfisch
in Tomatensauce ersetzen und
nur 10 Oliven nehmen.*

Zwiebel-Flans

ZUTATEN

500 g Zwiebeln
30 g Butter
3 EL Mehl
400 ml Milch
3 Eigelb
100 g Crème fraîche
geriebener Parmesan *(nach Belieben)*
Salz, Pfeffer
Muskatnuss

ZUBEREITUNG

Im 180 °C (160 °C Umluft) heißen Backofen ein Wasserbad vorbereiten. Die Zwiebeln nicht zu fein hacken.

Die Butter in einer Kasserolle zerlassen und die Zwiebeln bei mittlerer Hitze darin sehr weich dünsten, ohne dass sie Farbe annehmen. Das Mehl einrühren und das Ganze bei geringer Hitze kurz anschwitzen. Nach und nach die Milch angießen und so lange rühren, bis die Mischung die Konsistenz einer nicht zu dicken Bechamelsauce hat. Dabei darauf achten, dass sich keine Klümpchen bilden.

Die Kasserolle vom Herd nehmen und die Eigelb einzeln hinzufügen. Dabei gut umrühren, damit sie nicht garen. Zum Schluss die Crème fraîche und den Parmesan einrühren und mit Salz, Pfeffer und Muskatnuss abschmecken.

Kleine Auflaufformen mit Butter einfetten, die Masse darauf verteilen und die Flans je nach Größe der Förmchen etwa 30 Min. im Wasserbad garen.

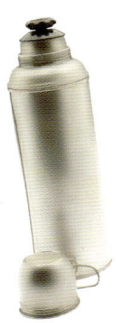

ZUTATEN
2 rote Zwiebeln
gesalzene Butter
1 Spritzer Cidre-Essig
4 säuerliche Äpfel (z. B. Boskop
oder Kanada-Renette)
12 Scheiben Andouille de Guéméné

FÜR DIE BUCHWEIZEN-
PFANNKUCHEN
100 g Buchweizenmehl
1 Ei
100 ml Milch
15 g gesalzene Butter

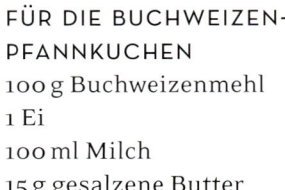

Buchweizenpfannkuchen mit Andouille und Apfel

ZUBEREITUNG

Für die Buchweizenpfann-kuchen das Mehl in einer großen Schüssel mit dem Ei verrühren. Nach und nach die Milch und 150 ml Wasser einrühren. Die zerlassene Butter hinzufügen, den Teig mit einem sauberen Geschirrtuch abdecken und ruhen lassen.

1 Zwiebel fein schneiden. 1 walnussgroßes Stück Butter in einer Pfanne zerlassen und die Zwiebel bei geringer Hitze darin anschwitzen. Mit etwas Cidre-Essig ablöschen, in eine Schüssel umfüllen und beiseite-stellen.

3 der Äpfel schälen und klein-schneiden. 1 Stück Butter in die Pfanne geben und die Apfel-stücke bei geringer Hitze darin weich garen. Wenn die Äpfel

beim Braten ansetzen, etwas Wasser angießen.

Die Andouille kleinschnei-den und mit den Äpfeln und der Zwiebel mischen.

Eine Crêpepfanne (etwa 20 cm Durchmesser) einfetten und erhitzen. 1 kleinen Schöpf-löffel Teig hineingeben, kurz backen, den Crêpe wenden und auf der anderen Seite backen. 1 großen Löffel der Wurst-mischung in die Mitte geben, den Crêpe zu einem quadra-tischen Päckchen verschließen und mit einem Holzpfannen-wender fest zusammendrücken. Das Päckchen umdrehen und noch einmal fest zusammen-drücken, damit es nicht auf-geht. Auf einen Teller legen und die restlichen Päckchen

auf die gleiche Weise zuberei-ten.

Die zweite Zwiebel in Ringe schneiden und einige Minuten in der Pfanne anschwitzen, damit sie etwas weich werden. Abkühlen lassen und jedes Pfannkuchenpäckchen mit einem Zwiebelring umwickeln. Den zurückbehaltenen un-geschälten Apfel in Scheiben schneiden und dekorativ zwischen den Päckchen ver-teilen.

Natürlich können Sie auch fertige Buchweizenpfannkuchen nehmen, die Sie vor dem Füllen vierteln. Besser sind aber die selbst gemachten.

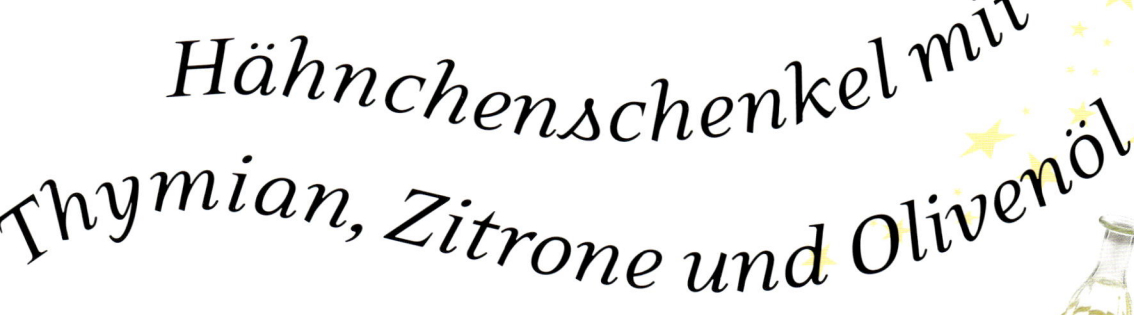

Hähnchenschenkel mit Thymian, Zitrone und Olivenöl

ZUTATEN UND ZUBEREITUNG

12 kleine Hähnchenunter-schenkel von der Haut befreien. Aus 100 ml fruchtigem Olivenöl, den abgezupften Blättchen von 4–5 Thymianzweigen und dem Saft von 1 Zitrone eine Marinade herstellen. Die Hähnchenschenkel nebeneinander in eine ofenfeste Form legen, mit der Marinade übergießen und unter mehrmaligem Wenden 12 Stunden im Kühlschrank marinieren. Anschließend im 210 °C (190 °C Umluft) heißen Backofen goldbraun braten und dabei laufend mit der Marinade begießen.

Aus 3 EL flüssiger Sahne, 50 g Frischkäse und 5–6 gehackten Cornichons eine Sauce zubereiten, mit Pfeffer abschmecken und zu den Hähnchenschenkeln servieren.

Eingelegte Ziegenkäse

ZUTATEN UND ZUBEREITUNG

Eine Woche vor dem Picknick einige mittelreife, runde und längliche Ziegenkäse in einem dekorativen Einmachglas in einem sehr guten Olivenöl mit 1 schönen Rosmarinzweig, frischem Thymian, einigen geschälten Knoblauchzehen und 4 Lorbeerblättern einlegen und an einem kühlen, trockenen Ort stellen.

Schmeckt köstlich auf einem guten, frischen Brot und ist im Sommer einem Camembert, der entweder in der Wärme »zerfließt« oder, wenn der Teig fest ist, »schwitzt«, vorzuziehen. Das Öl anschließend für Salatsaucen und zum Aromatisieren von Gemüsegerichten weiterverwenden.

ZUTATEN

500 g tiefgefrorener Rhabarber,
in Stücke geschnitten
30 g Zucker
125 g weiche Butter
125 g Farinzucker
125 g gemahlene Mandeln
2 Eier
1 EL Mehl
1 TL Backpulver
100 g Sahne
150 g Spekulatius

Rhabarberkuchen »Tour de France«

ZUBEREITUNG

Den Rhabarber in ein Sieb geben, das Sieb auf einen tiefen Teller stellen, den Rhabarber mit dem Zucker bestreuen und umrühren.

Eine Ringform (wenn Sie – passend zum Motto – einen »radförmigen« Kuchen backen wollen) mit Butter einfetten und mit Mehl ausstäuben. Den Backofen auf 160 °C (140 °C Umluft) vorheizen.

In einer Schüssel Butter, Farinzucker und die gemahlenen Mandeln vermengen. Die Eier, das gesiebte Mehl und das Backpulver, die flüssige Sahne und den zerkrümelten Spekulatius hinzufügen. Zum Schluss den Rhabarber dazugeben (auch wenn er noch nicht vollständig aufgetaut ist; der Saft wird beim Backen aufgesogen). Wenn Sie genügend Zeit haben, können Sie auch frischen Rhabarber verwenden (den Rhabarber vorher schälen und in kleine Stücke schneiden).

Den Teig in die Form füllen und etwa 40 Min. backen. Am Ende der Backzeit mit einem spitzen Messer prüfen, ob der Kuchen durchgebacken ist: Das Messer muss beim Herausziehen trocken bleiben.

Den fertigen Kuchen mit Puderzucker bestäuben und Spielzeug-Radrennfahrer darauf verteilen. Als Ziel 2 Zimtstangen leicht in den Kuchen eindrücken und eine oben drauflegen. Für alle, denen der Rhabarber zu sauer ist, eine gute Himbeerkonfitüre dazu reichen.

Schokoladen-Financiers

ZUTATEN
50 g Mehl
100 g Puderzucker
100 g gemahlene Mandeln
3–4 Eiweiß *(je nach Größe)*
100 g Butter
150 g Zartbitterschokolade
100 g Sahne

ZUBEREITUNG

Den Backofen auf 200 °C (180 °C Umluft) vorheizen.

Mehl, Puderzucker und gemahlene Mandeln in einer Schüssel mischen. Die Eiweiß hinzufügen. Die Butter in einer kleinen Kasserolle erhitzen, bis sie braun wird (dabei darauf achten, dass sie nicht verbrennt), durch ein Sieb seihen und mit der Mehlmischung verrühren.

Die Schokolade bei geringer Hitze in der flüssigen Sahne schmelzen und mit der Mehlmischung verrühren.

Eine Financier-Form (deren Mulden haben die Form von Barren) aus Silikon auf den Backofenrost stellen. Den Teig auf die Förmchen verteilen und 10–12 Min. backen. Mit dem Backofenrost aus dem Ofen nehmen, etwas abkühlen lassen und aus der Form stürzen.

Mandelcremes mit karamellisierten Pfirsichen

ZUTATEN
3 gelbfleischige Pfirsiche
Butter
2 EL Honig
3 Eier
125 g Zucker
100 g Sahne
500 ml Mandelmilch
(Bioläden, Supermärkte)
flüssige Vanille *(nach Belieben)*

ZUBEREITUNG

Im 180 °C (160 °C Umluft) heißen Backofen ein Wasserbad vorbereiten.

Die Pfirsiche schälen, vierteln und anschließend in 1 cm breite Spalten schneiden. 1 walnussgroßes Stück Butter in einer Pfanne zerlassen und die Pfirsiche darin anschwitzen. Den Honig hinzufügen und karamellisieren lassen. Die Pfirsiche abkühlen lassen und dabei immer wieder in dem Karamell wenden.

Die Hälfte der Spalten rosettenförmig auf dem Boden kleiner ofenfester Glasformen anordnen.

Die Eier in einer Schüssel mit dem Zucker verrühren, Sahne, Mandelmilch und Vanille hinzufügen und die Mischung auf die Formen verteilen.

Etwa 25 Min. im Wasserbad garen. Am Ende der Garzeit mit einem spitzen Messer prüfen, ob die Creme gestockt ist. Etwas abkühlen lassen und die restlichen Pfirsichspalten rosettenförmig darauf anrichten. Die Cremes anschließend kalt stellen.

AUGUST

Robinsonade

Ich wollte schon lange einmal ein Fest ausrichten, das ganz im Zeichen der Ökologie stehen sollte. Zu diesem Zweck wurde das herkömmliche Geschirr weitgehend durch Gefäße ersetzt, die uns die Natur zur Verfügung stellt, die also zu 100 Prozent biologisch abbaubar sind, ja die man oft sogar mitessen kann. Das gilt natürlich auch für die Dekoration, die, da sie zum größten Teil aus Dingen besteht, die wir in der Natur finden (Früchte, Gemüse, Holz und verschiedene Pflanzen), direkt an Ort und Stelle gefertigt wird. Wie Robinson, der fernab jeder Zivilisation völlig autark auf seiner Insel lebte und sich alles zunutze machte, was er in der Natur fand oder was das Meer anschwemmte, wollte ich für mein »umweltfreundliches«, aber dennoch farbenfrohes Buffet ausschließlich Dinge verwenden, die uns die Natur zur Verfügung stellt. Und dafür ist der Spätsommer mit all dem sonnengereiften Obst und Gemüse, aus dem sich kalte Gemüsesamtsuppen, frische Salate – mal mit einer exotischen, mal mit einer maritimen Note – oder Spieße zubereiten lassen, genau der richtige Zeitpunkt. Überdies spielt im August auch das Wetter mit, das Sie bereits den ganzen Tag bei der Vorbereitung Ihres Festes genießen können. Und dann hat so ein »Öko«-Buffet noch einen ganz entscheidenden Vorteil: Sie müssen nichts Zerbrechliches transportieren, und das Aufräumen erledigt sich praktisch von selbst, denn es wird fast alles mitgegessen.

Eine Insel
Bambusrohre
Ein Spieß

FÜR DIE DEKORATION

DER ORT

Ich habe für mein Robinson-Menü eine winzige Insel mitten in einem Weiher an unserem Wohnort in der Sologne gewählt. Es gibt einfach nichts Schöneres, als an diesem zauberhaften Ort mit Freunden zu feiern. Man findet hier alles, um einen angenehmen Abend in der Stille der Natur zu verbringen: das Rauschen der Blätter im warmen Spätsommerwind, das changierende Licht, das sich bei Sonnenuntergang in der dunklen Wasserfläche spiegelt, die Enten, die wie Schatten dicht über unseren Köpfen vorbeifliegen,

und manchmal von fern das Röhren eines Hirschs.

Den Rahmen für Ihr »Öko«-Picknick, das aber durchaus nicht langweilig daherkommt, kann jedes grüne Fleckchen in einer hübschen Umgebung abgeben.

Und wenn Sie am Meer leben, haben Sie Ihr kleines Strandparadies ja praktisch vor der Haustür.

DIE ACCESSOIRES

Wie Robinson auf seiner einsamen Insel haben auch wir unser Mobiliar aus herumliegendem Holz gefertigt. Mit ihrer oft

eigenwilligen Form und ihren Unebenheiten sind alte Baumstümpfe hervorragend geeignet, um darauf Platten, Blumen und andere Dekorationselemente zu verteilen.

Als Sitzgelegenheiten bieten sich Baumstümpfe, eine rustikale Bank oder einfache, hölzerne Hocker an. Ihre Naturfarben lassen die Wiesenblumen und die anderen Pflanzen, die Sie an Ort und Stelle gepflückt haben, schön zur Geltung kommen.

Ein überaus origineller Blickfang zwischen all den einfachen, naturbelassenen Möbeln: eine alte Kommode, die ich, als habe

das Meer dieses »wertvolle« alte Stück angeschwemmt, mitten auf der Insel aufgestellt und mit einem Tintenfass mit einem Gänsekiel, alten, in Leder gebundenen Büchern und einer hübschen Petroleumlampe dekoriert habe. Wenn man wollte, könnte man durchaus auch noch ein paar alte Waffen aus Holz, alte Pistolen oder Säbel dazulegen.

Für gedämpftes Licht sorgen Lampen aus braunen Papiertüten, die ich mir beim Gemüsehändler besorgt habe. Die Tüten zu einem Drittel mit Sand oder Erde füllen, damit sie einen festen Stand haben, die Ränder zwei- oder dreimal umschlagen, damit eine ausreichend große Öffnung entsteht, und in der Mitte ein Teelicht in den Sand drücken. Die Papierwände schützen die Flamme vor dem Wind, und der Sand gibt dem Teelicht festen Halt. Mehrere dieser »Lampen« relativ dicht hintereinander in Reihen aufgestellt eignen sich sogar als Wegbeleuchtung. Und diese Papiertütenlampen sehen nicht nur dekorativ aus, sondern sind überdies auch noch sehr preiswert.

Sehr hübsch sehen auch Kerzen in Muschelschalen und halbierten Kokosnussschalen aus. Allerdings besteht hier die Gefahr, dass sie vom Wind ausgeblasen werden.

Lange, wie Schilfrohr aussehende Kerzen können Sie

direkt am Ufer des Weihers aufstellen und als Farbtupfer ein paar Seerosen aufs Wasser setzen.

Als Blumenschmuck etwa dreißig hohe Bambusstäbe lose mit Bast zusammenbinden, so dass sie von selbst stehen, und Blumen und Blätter in die Löcher stecken. Ein hübscher Blickfang, der so gut wie nichts kostet.

DER TISCH

Um die Natur nicht zu »verbauen«, eignet sich am besten ein niedriger Tisch, den man hübsch dekoriert. Er wird an Ort und Stelle aus Bambusrohren zusammengebaut, die man mit Stricken, dicker Schnur oder Bändern wie ein Floß zusammenbindet und auf einen oder mehrere große Holzklötze legt, damit der Tisch nicht wackelt. Bambus ist besonders leicht zu bearbeiten, es eignet sich aber auch jedes andere leichte und trockene Rundholz (Pappel, Tanne), um einen solchen »Floßtisch« zu bauen.

Bananenblätter (die man in der thailändischen Küche gerne zum Dämpfen von Speisen verwendet) sind ein idealer Ersatz für herkömmliche Teller und Platten. Sehr dekorativ sieht es aus, wenn man die verschiedenen Speisen portionsweise auf dem Tisch anrichtet.

Dem Motto entsprechend können Sie noch ein paar Dekorationsgegenstände dazustellen,

die von einem Schiffswrack stammen könnten: Ein alter, mit Grünspan überzogener Kerzenständer aus Metall bildet den Mittelpunkt des Buffets. Besonders stilecht wirkt es, wenn das Kerzenwachs wie Stalaktiten an Kerze und Leuchter herunterläuft. Den Wein in einer hübschen ziselierten Karaffe servieren und, wie damals auf den Schiffen üblich, ein oder zwei Flaschen mit bernsteinfarbenem Rum und ein paar wertvolle Gläser dazustellen.

Ganz im Sinne des Umweltgedankens sind auch die Becher (für Wasser oder Fruchtsaft) und die Gabeln aus Bambus (siehe Adressen, S. 298).

Die Getränke möglichst nicht in einer Kühltasche, sondern in einem Korb (damit die Flaschen nicht wegschwimmen) im Wasser des Weihers kühlen.

⊙ **TIPPS + TRICKS**

Wenn es Ihnen an Sitzgelegenheiten mangelt: Matten aus Stroh oder recyceltem Material und dazu ein paar Kissen oder Stuhlkissen, damit man weicher sitzt, sind praktisch und leicht zu transportieren.

Keinesfalls fehlen dürfen Solarleuchten. Hier gibt es eine große Auswahl, die von einfachen Laternen bis zu dekorativen bunten Lampen – in unserem Fall waren es bunte Schmetterlinge – reicht. Vergessen Sie aber nicht, sie tagsüber in der Sonne aufzuladen.

Sogar die Vasen sind zu 100 Prozent biologisch abbaubar. Ausgehöhlte Paprikaschoten an der Spitze etwas begradigen (Vorsicht, dass Sie dabei kein Loch hineinmachen), damit sie einen guten Stand haben und als Vasen für kleine Wiesensträuße verwenden. Auch anderes Obst und Gemüse lässt sich zu Behältern, Kerzenhaltern oder Dekorationselementen umfunktionieren. Bei der Tischdekoration sollten Farben und Formen allerdings möglichst einheitlich sein. Die Schalen von halbierten Limetten eignen sich beispielsweise als Kerzenhalter, die man in einem großen Viereck anordnet, wobei

die Wölbungen abwechselnd nach oben und nach unten zeigen. Das Fruchtfleisch einer Wassermelone mit dem Kugelausstecher aus der Schale herauslösen und als Fruchtkugeln servieren. Die Melonenschale kann dann zum Eiswürfelbehälter oder zu einer Salatschüssel umfunktioniert werden. Orangen, Kiwis, Pampelmusen, Tomaten – zu dieser Jahreszeit gibt es Obst und Gemüse in allen Farben, das sich als Grundlage für originelle Dekorationen eignet.

Eine exotische Note, die das Auge und den Gaumen erfreut, können Sie der Dekoration mit hübsch arrangierten exotischen Früchten in verschiedenen Formen und Farben verleihen. Dazu noch ein bunter Papagei aus Holz, Metall oder Stoff auf einen Ast gesetzt – und vielleicht eine naturfarbene Hängematte.

ZUTATEN

2 Zwiebeln
2 Knoblauchzehen
Olivenöl
5 rote Paprikaschoten (etwa 400 g)
100 g weißer Reis
1 TL getrocknete Kräuter der Provence
Salz, Pfeffer
200 g Mascarpone
Piment d'Espelette oder Cayennepfeffer *(nach Belieben)*
Olivenöl mit Basilikum *(nach Belieben)*

Paprikacremesuppe

ZUBEREITUNG

Die Zwiebeln und den Knoblauch grob mit dem Messer hacken. Olivenöl in einer großen Pfanne erhitzen und beides darin anschwitzen.

Die Paprikaschoten waschen, abtrocknen, halbieren, von Kernen und Häutchen befreien und in Streifen schneiden. Die Streifen in die Pfanne geben und einige Minuten bei geringer Hitze anbraten. Die Pfanne vom Herd nehmen, den Reis, 700 ml Wasser und die Kräuter hinzufügen. Die Pfanne wieder auf den Herd stellen und das Ganze so lange bei geringer Hitze köcheln lassen, bis der Reis gar ist. Mit Salz und Pfeffer abschmecken.

Den Pfanneninhalt im Mixer oder mit dem Stabmixer pürieren. Den Mascarpone einrühren, noch einmal abschmecken und die Suppe, je nachdem, ob sie eher scharf oder mild sein soll, entweder mit Piment d'Espelette oder Cayennepfeffer oder mit Basilikumöl verfeinern. Die Paprikacremesuppe schmeckt am besten kalt, sollte aber nicht eiskalt sein.

Die Suppe in kleinen runden Zucchini anrichten, die Sie vorher vorsichtig mit einem Teelöffel ausgehöhlt haben. Stangensellerie eignet sich hervorragend, um daraus »essbare« Suppenlöffel zu machen.

ZUTATEN
1 Packung Conchiglioni *(große Muschelnudeln)*
Olivenöl
Salz

FÜR DAS RUCOLA-PESTO
30 g Pinienkerne
20 g Cashewkerne
2 große Handvoll Rucola, gehackt
1 kleine Knoblauchzehe
Olivenöl
150 g Ricotta
Zitronensaft
Salz, Pfeffer

FÜR DAS BASILIKUM-PESTO
100 g Pinienkerne
1 Bund Basilikum, fein geschnitten
1 Knoblauchzehe
Olivenöl
100 g Feta
150 g Saint Moret *(französischer Frischkäse)*
2 EL geriebener Parmesan
Salz, Pfeffer *(nach Belieben)*

Gefüllte Muschelnudeln

ZUBEREITUNG

Die Conchiglioni in reichlich Salzwasser al dente kochen, abgießen und mit etwas Olivenöl vermengen, damit sie nicht zusammenkleben. Zum Abkühlen nebeneinander auf eine Platte legen und inzwischen die Pestos zubereiten.

Für das Rucola-Pesto die Pinienkerne ohne Zugabe von Fett in einer beschichteten Pfanne rösten.

Die Pinien- und die Cashewkerne mit dem Rucola, dem Knoblauch und etwas Olivenöl

pürieren. Mit dem Ricotta und etwas Zitronensaft verrühren, mit Salz und Pfeffer abschmecken und gegebenenfalls noch etwas Olivenöl hinzufügen, bis das Pesto die gewünschte Konsistenz hat.

Das Basilikum-Pesto ebenso zubereiten. Den Feta und den Saint Moret aber nicht mit im Mixer pürieren, sondern mit einer Gabel zerdrücken und erst zum Schluss unterheben, da das Pesto sonst zu flüssig wird.

Die erkalteten Nudeln mit den Pestos füllen, mit Frischhaltefolie abdecken und kühl stellen.

Die gefüllten Muschelnudeln auf Flößen servieren. Dazu zwei Scheiben Knäckebrot mit Ricotta bestreichen. Grissini auflegen und leicht andrücken, damit sie nicht herunterrollen (siehe Foto). Die Conchiglioni mit Basilikum- und Rucolablättern und getrockneten oder eingelegten Tomaten garnieren.

ZUTATEN

Saft von 1 Zitrone

600 g tiefgefrorene
Artischockenböden

2 große Scheiben Toastbrot,
entrindet

150 ml Milch

125 g Mandelblättchen

1–2 Knoblauchzehen

6 EL Olivenöl

2 EL Sherryessig

300 g geräucherte Forelle

Pfeffer *(nach Belieben)*

Artischockenböden mit Forellenmousse

ZUBEREITUNG

Wasser zum Kochen bringen, salzen, den Zitronensaft hinzufügen und die Artischockenböden etwa 10 Min. darin garen. Sie müssen gar, aber noch fest sein, damit sie nicht brechen. Anschließend abgießen und auf Küchenpapier abkühlen lassen.

Das Toastbrot in grobe Stücke brechen, in der Milch einweichen und danach mit Mandelblättchen, den zerdrückten Knoblauchzehen, Öl und Essig pürieren. Zum Schluss die Forelle hinzufügen und alles zu einem glatten Püree verrühren. Die Artischockenböden damit füllen.

Das Püree gegebenenfalls noch mit Pfeffer abschmecken, Salz ist meist nicht erforderlich, da die Forelle bereits salzig genug ist.

Zum Servieren die zarten Blätter einer rohen Artischocke ablösen, oben und unten vorsichtig ein Loch mit einem Zahnstocher oder einem halbierten Holzspieß hineinmachen und die Blätter als Segel in die Artischockenböden stecken.

Mango-Avocado-Carpaccio

ZUTATEN

2 feste, nicht zu reife Mangos
2 Avocados
1 Zitrone
1 kleines Bund Frühlings-
zwiebeln
3 Salatherzen

1 Bund thailändischer Schnittlauch *(oder herkömmlicher
Schnittlauch)*
milder, mit Passionsfrucht
aromatisierter Essig
1 kleine Dose Krebsfleisch
(nach Belieben)

ZUBEREITUNG

Die Mangos und die Avocados schälen und das Fruchtfleisch der Länge nach in hauchdünne Scheiben schneiden.

Die Zitrone auspressen und die Avocado mit dem Saft begießen, damit sich das Fruchtfleisch nicht verfärbt.

Die Frühlingszwiebeln putzen, waschen und mit einem Teil des Grüns fein schneiden.

Die Mango- und Avocadoscheiben mit den Frühlingszwiebeln in Salatblättern anrichten, mit Schnittlauchröllchen bestreuen und mit etwas Essig beträufeln.

Wenn Sie möchten, können Sie noch etwas Krebsfleisch hinzufügen. Die Salatherzen sind ideal als essbare Teller, da sie den Geschmack des Carpaccios nicht beeinträchtigen. Man kann die Blätter mit dem Carpaccio auch wie Frühlingsrollen aufrollen.

ZUTATEN

1 EL Cognac
heißer Schwarztee
1 Handvoll Rosinen
200 g Mungosprossen *(fälsch-
licherweise meist als
Sojasprossen bezeichnet)*
1 große oder 2 kleine Möhren
20 Cashewkerne
2 Hähnchenbrüste
Olivenöl
Salz, Pfeffer
1/2 Bund Koriandergrün

FÜR DIE SAUCE

100 ml Kokosmilch
3 EL Quark
1 EL grobkörniger Senf
1 EL Currypulver
1 EL Fischsauce (Nuoc Nam)

Pikanter Geflügelsalat

ZUBEREITUNG

Den Cognac mit etwas heißem Tee verdünnen und die Rosinen darin einweichen.

Die Mungosprossen waschen und trockentupfen. Die Möhren schälen und in Julienne-Streifen schneiden.

Die Rosinen abtropfen lassen. Die Cashewkerne grob hacken, mit den Möhrenstiften und den Sprossen mischen und das Ganze auf kleine Schüsseln, zum Beispiel ausgehöhlte Ananas-hälften, verteilen.

Die Hähnchenbrüste in etwas Olivenöl braten und mit Salz und Pfeffer würzen. Etwas abkühlen lassen, in dünne Streifen schnei-den und auf dem Gemüse an-richten. Das Koriandergrün waschen, trockentupfen, fein schneiden und darüberstreuen.

Die Saucenzutaten miteinan-der verrühren und den Salat mit etwas Sauce beträufeln. Die restliche Sauce getrennt dazu reichen.

Kleine Viktoria-Ananas eignen sich hervorragend, um diesen frischen Salat ansprechend zu servieren. Das Fruchtfleisch für ein Dessert oder einen Frucht-salat verwenden. Es gibt aber auch noch eine ganze Reihe an-dere »natürliche« Gefäße wie

Kokosnussschalen, Orangen- und Grapefruitschalen, Kohl-blätter ... Biologisch abbaubar ist auch der Saucenlöffel. Er besteht aus einem Fenchelblatt, an dem ich als Griff noch ein Stück vom Stiel belassen habe.

ZUTATEN

4 dicke Scheiben Lachs
Sesamkörner
12 Stängel frisches Zitronengras

FÜR DIE MARINADE

1 EL Reisweinessig
2 EL flüssiger Honig
1 EL frisch geriebener Ingwer
1/2 TL Fünf-Gewürze-Pulver
(chinesische Gewürzmischung)
2 EL Sojasauce
1 EL Sesamöl

Karamellisierte Lachsspieße mit Sesam

ZUBEREITUNG

Für die Marinade Essig und Honig gut miteinander verrühren (gegebenenfalls 1 TL heißes Wasser hinzufügen, damit sich der Honig besser auflöst). Anschließend die restlichen Zutaten unterrühren.

Den Lachs häuten, entgräten und in 24 Stücke teilen. Mit der Marinade vermengen und kalt stellen.

Die Sesamkörner 1 Min. ohne Zugabe von Fett in der Pfanne rösten und beiseitestellen.

Das Zitronengras vom äußeren Blatt befreien, waschen und die Stängel mit dem Messer oben etwas zuspitzen. Auf jeden Stängel 2 Lachsstücke stecken und die Spieße kühl stellen.

Eine Holzkohlenglut mit einem Grillrost vorbereiten, damit jeder seinen Spieß selbst grillen kann. Die Marinade als Sauce dazu reichen. Die Sesamkörner ebenfalls getrennt dazu servieren, damit jeder seine Spieße nach dem Grillen darin wenden kann.

Wenn Sie die Spieße im Backofen grillen, die Enden der Zitronengrasstängel nach dem Garen mit Alufolie umwickeln, damit Sie sich beim Servieren nicht die Finger verbrennen.

ZUTATEN

FÜR DIE ANANASCHIPS
1 Ananas
Puderzucker

FÜR DIE ANANASCREME
500 g Ananasfruchtfleisch
4 Eier
100 g Zucker
1 EL Maisstärke
20 Stück Würfelzucker
Saft einer 1/2 Zitrone
Kirschwasser oder Rum
(nach Belieben)

Ananascreme auf Ananaschips

ZUBEREITUNG

Für die Ananascreme das Ananasfruchtfleisch kleinschneiden und in ein Sieb geben, um den Saft aufzufangen.

Für die Ananaschips die Ananas sorgfältig schälen, in sehr dünne Scheiben schneiden und zum Abtrocknen auf Küchenpapier legen.

Den Backofen auf 100 °C (80 °C Umluft) vorheizen.

Die Ananasscheiben auf beiden Seiten mit gesiebtem Puderzucker bestäuben. Überschüssigen Zucker abklopfen. Die Scheiben auf ein mit Backpapier oder einer Silikonmatte ausgelegtes Backblech legen und mindestens 1 Std. im Backofen trocknen. Nach der Hälfte der Zeit wenden und gegebenenfalls mit einer Backmatte beschweren, damit sie sich nicht wölben oder zu stark bräunen.

Anschließend abkühlen lassen (die Chips, wenn Sie sie im Voraus zubereiten, an einem trockenen, kühlen Ort aufbewahren). Die Backofentemperatur auf 150 °C (130 °C Umluft) erhöhen.

Das abgetropfte Ananasfleisch fein pürieren und 8–10 Min. bei geringer Hitze in einer Kasserolle trocknen. Dabei laufend rühren, damit es nicht spritzt. Vom Herd nehmen und etwas abkühlen lassen.

Die Eier und den Zucker in einer Schüssel kräftig mit dem Schneebesen verrühren. Das Ananaspüree untermischen. Die Maisstärke mit 50 ml Ananassaft anrühren (oder in etwas Zuckerwasser, wenn Sie keinen Saft haben) und ebenfalls unterrühren.

Aus dem Würfelzucker und etwas Zitronensaft einen Karamell herstellen und auf Förmchen verteilen.

Die Ananasmischung darauf verteilen und das Ganze etwa 1 Std. im Backofen garen. Da die Garzeit je nach Größe der Formen variieren kann, durch Einstechen mit einem spitzen Messer prüfen, ob die Creme bereits gestockt ist (in einer großen Form muss sie 90 Min. im Wasserbad gegart werden). Anschließend etwas abkühlen lassen, aus den Formen stürzen und in den Kühlschrank stellen.

Die Ananascreme vor dem Servieren auf den Ananaschips anrichten und nach Belieben mit Kirschwasser oder Rum beträufeln.

Gebratene Feigen

ZUTATEN UND ZUBEREITUNG

20 weiche, aber nicht zu reife Feigen waschen, aber nicht schälen. Die Früchte oben kreuzweise einschneiden (nicht zu tief, denn die Früchte öffnen sich beim Braten noch). 1 Vanilleschote der Länge nach aufschlitzen, das Mark mit einem spitzen Messer herauskratzen und mit 50 g weicher Butter vermengen. Jede Feige mit 1 kleinen Stückchen Vanillebutter und 1 TL Himbeerkonfitüre füllen und bei mittlerer Hitze (160 °C; 140 °C Umluft) etwa 10 Min. im Backofen braten.

Die Feigen vor dem Servieren in einem großen, gewölbten, getrockneten Blatt auf einem Bett aus Mandelblättchen anrichten. Vorher prüfen, dass die Früchte unten nicht kleben, da die Mandeln sonst daran festkleben. Um das zu vermeiden, gegebenenfalls ein paar Kekse unter die Feigen legen.

Aprikosen mit Frangipan

ZUTATEN UND ZUBEREITUNG

10 feste, reife Aprikosen waschen, halbieren und entsteinen. Aus 100 g gemahlenen Mandeln, 1 Ei, 50 g weicher Butter und 100 g Farinzucker eine Frangipanmasse herstellen und die Aprikosenhälften damit füllen. Die Aprikosenhälften auf das mit Backpapier oder einer Backmatte ausgelegte Backblech setzen und bei mittlerer Hitze (etwa 160 °C; 140 °C Umluft) im Backofen überbacken, bis das Frangipan goldbraun ist.

ZUTATEN
4 Eiweiß
250 g Zucker
250 g Kokosraspel
4–5 EL Rum

Kokos-Rum-Kegel

ZUBEREITUNG

Den Backofen auf 180 °C (160 °C Umluft) vorheizen.

Die Eiweiß in einem Wasserbad so lange mit dem Zucker schlagen, bis die Masse eine Temperatur von 45 °C hat (wenn Sie kein Kochthermometer haben, muss die Temperaturerhöhung deutlich spürbar sein, Sie dürfen sich jedoch nicht verbrennen). Die Masse muss ihr Volumen wie eine Baisermasse verdreifachen. Die Schüssel anschließend aus dem Wasserbad nehmen, die Kokosraspeln hinzufügen, sorgfältig verrühren und das Ganze mit dem Rum parfümieren.

Die Mischung auf kleine Silikonformen verteilen und 7–8 Min. backen. Die Kegel müssen nach dem Backen noch sehr weich sein (sie werden beim Abkühlen fest) und dürfen keine Farbe annehmen. Die Kokos-Rum-Kegel können einige Tage in einer Metalldose an einem kühlen Ort aufbewahrt werden.

Servieren Sie die Kegel in einer kleinen Holzkiste, die wie ein Koffer oder eine Schatzkiste aussieht. Die Kegel als i-Tüpfelchen noch mit Goldpulver (in Fachgeschäften für Patisseriebedarf erhältlich) bestäuben.

Gallisches Bankett

Die Idee zu diesem gallischen Bankett kam mir, weil ich etwas Ähnliches schon häufiger für die in unserer Gegend so beliebten Asterix-Partys mit mehr als hundert Personen organisiert habe, bei denen jeder im Kostüm einer der berühmten Figuren aus den beliebten Comics von Albert Uderzo und René Goscinny erscheinen muss. In der Regel kann man sie hier alle treffen, wobei die etwas Beleibteren natürlich geradezu dafür prädestiniert sind, die blau-weiß gestreifte Hose von Obelix zu tragen. Bei den Frauen, die größeren Wert auf gutes Aussehen legen, sind Falbala und Kleopatra die Favoritinnen; Gutemine erfreut sich dagegen keiner so großen Beliebtheit. Und wehe dem, der sich nicht an den Kostümzwang hält: Er wird kurzerhand zum Troubadix des Abends erklärt und zur Strafe eine Weile an einen Balken oder Baumstamm gefesselt. Natürlich können Sie Ihren Gästen schwerlich ein ganzes am Spieß gebratenes Wildschwein anbieten, von dem sich jeder ein Stück herunterschneidet. Aber große Beinschinken und Geflügelkeulen sind durchaus eine Alternative zu den bodenständigen, aber trotzdem raffinierten Rezepten, die ich für Sie zusammengestellt habe und die aus einfachen Zutaten wie Wildfrüchten, Wurzelgemüse oder Pilzen zubereitet werden. Kurz: aus Produkten, an denen sich auch schon die Gallier gütlich getan haben könnten.

Eine Eiche
Ein Kessel
Bier

FÜR DIE DEKORATION

DER ORT

Wenn das Wetter mitspielt, idealerweise im Freien unter einer Eiche! Oder in einer Scheune oder auch in einem Esszimmer, das man in einen Bankettsaal verwandelt hat.

DIE ACCESSOIRES

Um das Ambiente der Bankette nachzuempfinden, die am Schluss jedes Asterix-Albums stehen, mehrere kleine, runde Tische im Kreis aufstellen oder Holzbretter auf Holzböcke legen und einen langen, naturfarbenen Stoff darüberbreiten.

Bänke, dreibeinige Hocker und dazwischen ein paar mit Schaffellen überzogene Stühle als Sitzgelegenheiten kommen der einfachen, funktionalen Möblierung der damaligen Zeit am nächsten.

Ein absolutes Muss: eine Feuerstelle. Im Freien platziert man sie am besten in der Mitte der Tische. In einem geschlossenen Raum kann sie durch Zweige und Äste angedeutet werden. Bringen Sie eine rustikale Wärmeplatte darüber an, auf der Sie in einem alten gusseisernen Topf Miraculix' Zaubertrank – in unserem Fall eine

Steinpilzcremesuppe – warm halten können.

Das warme, flackernde Licht einer offenen Feuerstelle lässt sich auch mit langen, dicken Spitzkerzen in hellen Farben und unterschiedlich großen Fackeln nachempfinden, die man in Tontöpfe steckt.

DER TISCH

Das Geschirr sollte in Naturtönen gehalten sein. Schneidebretter, Teller und Schüsseln aus Holz oder Ton passen am besten zu diesem Anlass. Zinn und Kupfer geben dem Ganzen einen altertümlichen Touch.

Dazu passen rustikale Mazagran-Becher und Steingutkrüge für die Getränke (siehe Adressen S. 298).

Natürlich kann man die Stile auch mischen und Gläser verwenden. Gläser gab es zu allen Zeiten. Sie passen zu jedem Stil, und die warmen Bernsteintöne der Weine und des Biers kommen darin wunderbar zur Geltung.

⊙ TIPPS + TRICKS

Für die übrige Dekoration kommen eine ganze Reihe von Gegenständen infrage, die leicht zu beschaffen sind: große gusseiserne Kessel, alte Kochtöpfe (zum Beispiel Einmachtöpfe), die man auf einen Dreifuß stellt oder an einer Kette aufhängt. Fässer und große Weinreben, Kuhhörner, die man als Trinkgefäße verwendet, und Chiantiflaschen verwandeln das Ambiente in eine alte Taverne. Große Tonkrüge, Trockenblumensträuße, Sonnenblumen, Sträuße aus Getreidehalmen (Mais, Weizen),

Weißdorn oder Zweigen mit wildwachsenden Beeren große Mistelkronen schaffen ein ländliches Flair. Sehr dekorativ sind auch Holzräder, an denen man andere Dekorationsgegenstände befestigen kann.

Für eine heitere Note sorgen Dekorationsgegenstände, die einen direkten Bezug zu den Asterix-Comics haben: Flachmänner aus Metall oder Leder (eine Anspielung auf die Feldflasche, aus der Asterix gerne einen Schluck nimmt), Kostüme und Spielsachen wie Schwerter, Helme und Panzer, die man, so als seien die Krieger gerade siegreich aus einer Schlacht heimgekehrt, in einer Ecke platziert; Mistelzweige und eine Sichel, am Gürtel des alten Druiden Miraculix befestigt, und ein paar Hinkelsteine, die Sie mit ein wenig Mut aus Pappmaché basteln können.

Der Zaubertrank oder Steinpilzcremesuppe

ZUTATEN

1 kg Steinpilze
Salz, Pfeffer
2 EL Entenschmalz
2 große Zwiebeln, fein
geschnitten
1 l Kalbsfond
500 ml Milch
Muskatnuss

ZUBEREITUNG

Die Steinpilze mit einem feuchten Tuch sauberreiben (nach Möglichkeit nicht waschen, weil dies ihren Geschmack beeinträchtigt). Hüte und Stiele kleinschneiden und bei starker Hitze in einer großen Pfanne braten, bis sie ihre Flüssigkeit vollständig abgegeben haben. Dabei gelegentlich umrühren und salzen, wenn sie halb gar sind.

Inzwischen das Entenschmalz bei geringer Hitze in einem gusseisernen Schmortopf zerlassen, salzen und die Zwiebeln darin anschwitzen, ohne dass sie Farbe annehmen. Die Pilze hinzufügen (es müssen etwa 500 g gebratene Pilze sein), gut umrühren und das Ganze 5 Min. bei starker Hitze kochen lassen. Den Kalbsfond und die Milch angießen und die Suppe etwa 10 Min. köcheln lassen.

Die Suppe im Mixer oder mit dem Stabmixer pürieren, mit Salz und Pfeffer – und gegebenenfalls etwas geriebener Muskatnuss – abschmecken und warm halten oder vor dem Servieren noch einmal erwärmen.

Besonders köstlich schmeckt dieser Zaubertrank mit in Olivenöl angebratenen Steinpilzscheibchen.

Ententerrine mit Linsen und Schalotten-Confit

ZUTATEN

300 g Puy-Linsen
1 TL getrocknete Kräuter der
Provence
Salz
4 Blatt Gelatine
4–5 gebratene Entenflügel

FÜR DAS SCHALOTTEN-CONFIT

12 Schalotten, geschält
30 g gesalzene Butter
1 EL Zucker
100 ml Rotwein
50 ml Balsamico-Essig

ZUBEREITUNG

Die Linsen mit den Kräutern in einen großen Topf mit kaltem, ungesalzenem Wasser geben, aufkochen und etwa 20 Min. köcheln lassen, bis sie weich sind. Kurz vor Ende der Kochzeit salzen. Abgießen und die Kochflüssigkeit auffangen.

Die Gelatine in reichlich kaltem Wasser einweichen, gut ausdrücken und die Blätter einzeln in der heißen Kochflüssigkeit auflösen.

Eine Terrinenform mit kaltem Wasser ausspülen (nicht abtrocknen) und mit Frischhaltefolie auslegen. Die Entenflügel von Fett und Haut befreien (gegebenenfalls vorher kurz in einer Pfanne erhitzen), das Fleisch von den Knochen lösen und zerpflücken.

Die Hälfte der Linsen in die Terrine füllen, das Fleisch darauf verteilen und die restlichen Linsen daraufgeben. Die Kochflüssigkeit darübergießen, abkühlen lassen und in den Kühlschrank stellen.

Die Schalotten mit 10 g Butter und dem Zucker einige Minuten in einer Pfanne anschwitzen. Den Wein angießen und das Ganze zugedeckt bei geringer Hitze köcheln lassen, bis die Schalotten weich sind (sollte die Flüssigkeit verdunstet sein, etwas Wasser hinzufügen). Die Schalotten anschließend auf einen Teller geben.

Den Bratfond mit dem Balsamico-Essig ablöschen und dabei vom Boden lösen. Die restliche Butter hinzufügen, etwas karamellisieren lassen und über die Schalotten gießen.

Die Schalotten in dem Sirup wenden, bis sie gut damit überzogen sind.

Die Terrine vor dem Servieren in Scheiben und danach in Stücke schneiden, auf Salatblättern anrichten und das Schalotten-Confit dazu servieren.

Die Ententerrine kann bis zu 2 Tage im Voraus zubereitet werden, ohne dass das Fleisch oder die Linsen austrocknen. Dazu passt eine Vinaigrette mit Walnussöl.

ZUTATEN
1 Bund Mangold
100 g Rosinen
100 ml Weißwein
125 g Pinienkerne
2 Zwiebeln
1 Knoblauchzehe
Olivenöl
Salz, Pfeffer

Gefüllte Mangoldblätter

ZUBEREITUNG

10 schöne Mangoldblätter waschen und 1 Min. in kochendem Salzwasser blanchieren. Auf einem sauberen Geschirrtuch ausbreiten und abkühlen lassen.

Die Rosinen im lauwarmen Weißwein einweichen. Die Pinienkerne ohne Zugabe von Fett in der Pfanne goldbraun rösten.

Die Mangoldstiele waschen, der Länge nach halbieren und die Fäden entfernen. Die Stiele 2 Min. in kochendem Salzwasser blanchieren, abtropfen lassen und kleinschneiden.

Die Zwiebeln und den Knoblauch hacken. Etwas Olivenöl in einer Pfanne erhitzen und beides darin anbraten. Die Pinien-

kerne und die abgetropften Rosinen (den Wein aufheben) hinzufügen und das Ganze bei geringer Hitze köcheln lassen, bis das Gemüse sehr weich ist. Dabei gelegentlich umrühren. Anschließend mit Salz und Pfeffer abschmecken.

Die Blattrippen v-förmig aus den Mangoldblättern herausschneiden, 1 gehäuften Löffel Farce in die Mitte der Blätter geben. Dann zunächst die beiden Schöße und danach die Seiten über die Farce klappen, so dass sie gut verschlossen ist. Nach oben fest zu einer Wurst aufrollen (dabei darauf achten, dass die Blätter nicht reißen). Mit den restlichen Blättern ebenso verfahren.

1 EL Olivenöl in einer Pfanne erhitzen und die Rollen unter gelegentlichem Wenden darin anbraten. Den Weißwein (in dem die Rosinen eingelegt waren) hinzufügen und das Ganze 10 Min. bei geringer Hitze köcheln lassen. Anschließend etwas abkühlen lassen und kühl stellen.

Die Rollen vor dem Servieren halbieren und so anrichten, dass die Farce nach oben zeigt.

Sellerie in der Salzkruste gegart

ZUTATEN

1 Knollensellerie
2 kg grobes Salz
2 Eiweiß
20–30 g Butter
einige Salbeiblätter
oder Walnussöl

ZUBEREITUNG

Den Backofen auf 160 °C (140 °C Umluft) vorheizen. Das Salz mit dem Eiweiß vermengen.

Ein großes Stück Alufolie mehrfach zu einem großen Quadrat falten. Eine Schicht Salz in die Mitte geben, die ungeschälte Sellerieknolle daraufsetzen und den »Salzteig« rundherum wie eine Schale andrücken. Die Alufolie rundherum etwas nach oben klappen.

Die Aluschale auf das Backblech setzen und den Sellerie je nach Größe 2–3 Std. garen.

Anschließend aus dem Ofen nehmen, etwas abkühlen lassen und mit dem Elektromesser halbieren. Das Fruchtfleisch vorsichtig herauslösen. Die Butter mit einigen zerkrümelten Salbeiblättern vermengen. Das Selleriefleisch mit der Salbeibutter oder dem Walnussöl vermengen.

Die Mischung in die leeren Schalen füllen, die Schalen in Alufolie einschlagen und auf einer Holzkohlenglut erwärmen. Oder kalt auf einem oder mehreren Tellern servieren.

Sie können den Sellerie auch einfach nur in dicken Schalen aus Alufolie garen und das Fleisch anschließend mit Fleur de Sel würzen.

Topinambur mit Fleur de Sel

ZUTATEN UND ZUBEREITUNG

Die Topinamburknollen waschen und mit der Schale etwa 20 Min. in leicht kochendem Salzwasser weich garen.

Abgießen, abtropfen lassen und die Knollen halbieren, um sie mit etwas Fleur de Sel auszulöffeln. Oder die gegarten Knollen schälen, der Länge nach kleinschneiden, mit einem guten Olivenöl beträufeln und mit Fleur de Sel und frisch gemahlenem Pfeffer genießen.

ZUTATEN

etwa 800 g küchenfertige
Geflügelleber
5 EL Cognac
1/2 TL Vier-Gewürze-Pulver
geriebene Muskatnuss
Salz, Pfeffer
2 Milchbrötchen oder 2 Scheiben
Toastbrot
150 ml Milch
3 Eier + 2 Eigelb
2–3 Knoblauchzehen
Getrocknete Tomaten

Geflügelleberpastetchen

ZUBEREITUNG

Die Lebern waschen, trocken-tupfen und 2 Std. an einem kühlen Ort in einer Marinade aus Cognac, Vier-Gewürze-Pulver, Muskatnuss und etwas frisch gemahlenem Pfeffer marinieren.

Die Brötchen in der Milch einweichen. Eier und Eigelb mit einer Gabel verquirlen, den Knoblauch schälen und hacken und alles miteinander ver-mengen.

Den Backofen auf 160 °C (140 °C Umluft) vorheizen.

Die Lebern mit der Marinade und der Brotmischung im Mixer pürieren und anschließend mit Salz und Pfeffer abschmecken.

Die Masse auf eine Silikon-Muffinform verteilen, etwa 15 Min. im Backofen garen. Formen aus Glas oder Keramik vorher mit Butter einfetten und die Pasteten im Wasser-bad garen (die Garzeit ist dann länger). Mit einem spitzen Messer prüfen, ob die Pastet-chen gar sind.

Etwas abkühlen lassen, aus der Form stürzen, mit getrock-neten Tomaten garnieren und servieren. Die Pastetchen, wenn Sie sie im Voraus zubereiten, im Kühlschrank aufbewahren und 2 Std. vor dem Servieren herausnehmen.

Trockenfrüchte im Speckmantel

ZUTATEN

100 ml Cidre
50 ml Balsamico-Essig
300 g Trockenfrüchte (Feigen,
Backpflaumen und Aprikosen)
etwa 30 Scheiben magerer,
durchwachsener Räucherspeck
2 Eier

1 TL Honig
80 g Mehl
250 ml Milch
100 ml Crème fraîche

ZUBEREITUNG

Im 100 °C (80 °C Umluft) heißen Backofen ein Wasserbad vorbereiten.

Den Cidre mit dem Essig verrühren, die Trockenfrüchte in große Stücke schneiden und 2 Std. darin ziehen lassen.

Eine Kastenform mit dem Speck auslegen. Die Scheiben sollten sich dabei zur Hälfte überlappen und jede Scheibe sollte auf den langen Seiten ein U und auf den kurzen ein L bilden. Dabei darauf achten, dass keine Zwischenräume frei bleiben. Die Form muss vollständig mit dem Speck ausgefüllt sein, die Scheiben können sogar etwas über den Rand der Form hängen.

In einer großen Schüssel Eier, Honig, Mehl, Milch und Crème fraîche kräftig mit dem Schneebesen zu einer glatten Masse aufschlagen und die abgetropften Früchte unterheben. Die Masse in die Form gießen und die Speckscheiben darüberschlagen.

Die Form in das Wasserbad stellen und das Ganze 3 Std. garen. Sollten sich die Speckscheiben zusammenziehen und oben austrocknen, mit Alufolie abdecken.

Die Terrine in der Form kühl stellen. Vor dem Servieren aus der Form stürzen und mit einem scharfen Messer in dünne Scheiben schneiden.

Hinkelsteine

ZUTATEN UND ZUBEREITUNG

Aus einem nicht zu trockenen Ziegenkäse Hinkelsteine formen und in Mohn wälzen (so erzielen Sie den »Steineffekt«, ohne dass der Geschmack des Käses beeinträchtigt wird). Die Hinkelsteine »stilgerecht« auf einer Schieferplatte servieren.

Quark mit Honig und Walnusskrokant

ZUTATEN
1 kg Quark (Vollfettstufe)
100 g Zucker
getrocknete Mandeln und Walnüsse
Honig

ZUBEREITUNG

Den Quark mindestens 24 Std. an einem kühlen Ort abtropfen lassen.

Den Zucker in einer Pfanne karamellisieren. Die Pfanne vom Herd nehmen, sobald der Karamell goldgelb ist und sofort eine gute Handvoll grob gehackte Mandeln und Walnüsse hinzufügen.

Das Ganze rasch auf ein Stück mit Butter eingefettete Alufolie gießen und erkalten lassen. Den Krokant anschließend in Stücke brechen, im Mixer hacken oder in einen Plastikbeutel geben und mit dem Nudelholz zerkleinern.

Den Quark unmittelbar vor dem Servieren auf Schälchen verteilen, jeweils mit 1 TL Honig beträufeln und mit dem Krokant bestreuen. Gut gekühlt servieren und etwas Honig getrennt dazu reichen.

ZUTATEN

FÜR DEN TEIG
3 Eier
150 ml Milch
30 g zerlassene Butter + 1 walnussgroßes Stück zum Backen
100 g Weizenmehl
50 g Buchweizenmehl
1 TL Backpulver
30 g Farinzucker
100 ml helles Bier
1/2 Glas Rum

FÜR DIE KARAMELLISIERTEN ÄPFEL
6 Äpfel (Boskop oder Kanada-Renette)
25 g gesalzene Butter
60 g Farinzucker
Saft einer 1/2 Zitrone

Galette mit karamellisierten Äpfeln

ZUBEREITUNG

Die Teigzutaten mit dem Schneebesen zu einem glatten Teig verrühren und den Teig 30 Min. bei Zimmertemperatur ruhen lassen.

Inzwischen die Äpfel schälen, kleinschneiden und in einer Pfanne mit Butter, Farinzucker und Zitronensaft garen, bis sie weich und rundherum karamellisiert sind. Die Pfanne vom Herd nehmen. 1 kleine Schüssel mit Äpfeln beiseitestellen und die restlichen Äpfel zum Teig geben.

Den Backofen auf 150 °C (130 °C Umluft) vorheizen. Das Backblech mit Backpapier auslegen.

Eine große beschichtete Pfanne erhitzen, die restliche Butter darin zerlassen, den Teig hineingeben und bei geringer Hitze backen, bis er unten etwas fest geworden ist und Sie ihn auf das Backblech gleiten lassen können. Die Galette etwa 10 Min. im Backofen fertig backen. Die restlichen karamellisierten Äpfel vor dem Servieren in der Mitte der Galette verteilen.

Die Galette schmeckt noch besser, wenn man sie vor dem Servieren mit Alufolie abgedeckt noch einmal bei geringer Hitze erwärmt.

ZUTATEN

FÜR DIE TÖRTCHEN
400 g Quark (Vollfettstufe)
1 unbehandelte Zitrone
100 g Zucker
3 Eier
2 EL Mehl
300 g Brombeeren

FÜR DIE VEILCHENCREME
150 ml Milch
1 Ei
30 g Zucker
20 g Mehl
etwa 50 ml Veilchensirup
100 g eisgekühlte Sahne

Brombeertörtchen mit Veilchencreme

ZUBEREITUNG

Den Quark einige Stunden vor der Zubereitung zum Abtropfen in ein Sieb legen.

Für die Veilchencreme die Milch in einer Kasserolle erhitzen. Das Ei und den Zucker mit dem Schneebesen schaumig schlagen, das Mehl hinzufügen und die heiße Milch unter Rühren in einem feinen Strahl einlaufen lassen. Die Mischung in die Kasserolle zurückgießen, aufkochen und 3 Min. unter Rühren kochen lassen. Die Creme anschließend in eine Schüssel füllen, mit Frischhaltefolie abdecken und kalt stellen.

Den Backofen auf 180 °C (160 °C Umluft) vorheizen. Die Zitrone waschen, die Schale abreiben und mit dem Zucker mischen. Die Eier trennen. Die Eigelb und den Zucker mit dem Schneebesen schaumig schlagen. Das Mehl und anschließend den abgetropften Quark hinzufügen und alles zu einem glatten Teig verrühren. Die Eiweiß steifschlagen und den Eischnee mit einem Spatel vorsichtig unter den Teig heben.

Kleine Formen (wenn Sie keine Silikonformen verwenden, die Formen vorher mit Butter einfetten und mit Mehl ausstäuben) bis 1 cm unter dem Rand mit dem Teig füllen. Die Törtchen etwa 15 Min. backen, etwas auskühlen lassen und aus den Formen stürzen.

Den Veilchensirup mit dem Schneebesen unter die Milchcreme rühren. Die Sahne schlagen und vorsichtig unter die Creme heben. Die Creme in einen Spritzbeutel füllen, die Törtchen, die beim Abkühlen eingefallen sind, damit garnieren. Mit den Brombeeren belegen und bis zum Servieren kalt stellen.

OKTOBER

Bunt sind schon die Wälder

Den Herbst in der Sologne liebe ich ganz besonders. Zu keiner anderen Jahreszeit hält die Natur für leidenschaftliche Sammler wie mich so viele Schätze bereit. In den zwanzig Jahren, die ich nunmehr dort lebe, habe ich jedes Stückchen Land, jeden bewachsenen Graben und jeden verborgenen Winkel im Unterholz – den ich natürlich niemandem verrate – durchstreift. Es vergeht kaum ein Jahr, in dem mein Keller nicht mit Einmachgläsern voller Steinpilze, Pfifferlinge, Semmelpilze und Herbsttrompeten gefüllt ist, die wir uns während des restlichen Jahres schmecken lassen. Aber ich bringe es einfach nicht übers Herz, sie dort im Unterholz ihrem Schicksal zu überlassen. Meine Freunde, die meine Schwäche kennen, sind begeistert, wenn sie mich mit vollen Körben ankommen sehen. Wissen sie doch genau, dass ich meine Schätze gerne mit ihnen teile oder zu ihrer Freude die verschiedensten leckeren Gerichte daraus zaubere. Eine Kostprobe meiner herbstlichen Rezepte durfte deshalb in diesem Buch nicht fehlen. Und natürlich auch nicht ein paar Anregungen zu einer passenden Dekoration. Zu Pilzen gesellen sich andere Zutaten aus Wald und Flur – Kastanien, Walnüsse, Kürbis, Wildkaninchen, Ente, Fasan – und sorgen gemeinsam mit Produkten der Saison für Abwechslung im Menü. Und aus den Früchten der Obstbäume und Brombeersträucher, die vielleicht auch in Ihrer Nähe wachsen, lassen sich mit ein paar Grundzutaten – Getreide, Milchprodukten und Eiern – die leckersten Desserts zaubern. Erweisen wir also dem Wald Reverenz, indem wir genießen, was er uns schenkt.

Ein Gewächshaus
Ein Kürbis
Einmachgläser

FÜR DIE DEKORATION

DER ORT

Ein altes Gewächshaus ist der ideale Rahmen für eine richtig schöne Walddekoration mit Arrangements aus Moos, Zweigen, Blättern und Herbstpflanzen. Und man kann sich zudem gleichzeitig an der herbstlichen Vegetation und am herbstlichen Licht draußen erfreuen. Eine Veranda, ein Wintergarten oder ein etwas rustikaleres Gebäude sind jedoch gleichfalls geeignet. Eine Waldatmosphäre lässt sich aber auch in jedem anderen Raum schaffen, der sich weit nach draußen öffnet. Und auch intime Räume mit Kamin und Holzverkleidungen kommen infrage.

DIE ACCESSOIRES

Ein schlichtes, neutrales Mobiliar aus Zink – Tische und lange Konsolen, die man entlang der Glaswände aufstellt – harmoniert am besten mit herbstlichen Dekorationselementen wie Blumenkästen, Terracottatöpfen, Mooskissen, Blumenarrangements, Holzstücken etc. Wenn Sie nicht genug Platz für eine vielfältige Pflanzendekoration haben – und wenn es Ihr Fußboden erlaubt –, einfach trockenes Laub auf dem Boden ausstreuen. Daran mangelt es zu dieser Jahreszeit wahrlich nicht, und in weniger als fünf Minuten haben Sie einen Müllsack voll! Eine Dekoration, die nichts kostet und die sich mit gedämpftem Licht und Kerzenschein sehr schön zur Geltung bringen lässt. Einziger Nachteil: die Brandgefahr. Deshalb anstelle von Kerzenleuchtern lieber Windlichter verwenden, die nicht so leicht umfallen.

Bei der Pflanzendekoration bieten sich vor allem große fahlgelbe und grüne Farnwedel, Sträuße aus rotem Heidekraut, Fuchsien oder Veilchen an.

Ein Igel
Blätter
Windlichter

Besonders wirkungsvoll ist es, wenn man Blätter in verschiedenen Gelb-, Orange- und Rottönen – von Eiche, Roteiche, Ahorn, Platane, Kastanie, Birke – mischt und mit Weißdornzweigen, wilden Rosen oder Holunderzweigen mit leuchtenden Beeren kombiniert.

Ausgesprochen dekorativ sind Hortensien, deren leuchtendes Rot am Ende der Blütezeit verblasst und in wunderschöne Altrosa- und Purpurtöne übergeht. Halb Blatt, halb

Blüte, so verleihen diese großen Kugeln den Pflanzenarrangements eine besondere Note.

Die verschiedenen Pflanzenarten kommen am besten zur Geltung, wenn man sie in Gefäßen aus unterschiedlichen Materialien (Zink, Terracotta, Korb, Kupfer), in unterschiedlichen Größen, Formen (Töpfe, Vasen, Blumenkästen) und Farben präsentiert. Bei den Farben sollten neben Orange – der Herbstfarbe par excellence – Rot, Purpur und Grün dominieren. Glasglocken, Hackstöcke sowie hübsche Zinkeimer oder -gießkannen eignen sich ebenfalls hervorragend, um die Pflanzen auf unterschiedliche Weise zur Geltung zu bringen und dennoch das einheitliche Bild nicht zu stören. Dazu hier und da einen Kürbis, ein paar Pilze (echte oder künst-

liche!) und drei oder vier Tiere aus geflochtenem Stroh (Igel, Kaninchen, Vogel, Eichhörnchen), die an Illustrationen aus Märchenbüchern erinnern. Das alles kostet wenig, ist in jedem Dekorationsfachgeschäft zu finden und verleiht der Dekoration etwas von einem Stillleben.

Wuchtige, rustikale Kerzenleuchter und Windlichter lockern diese Pflanzendekoration auf und bringen sie gleichzeitig erst richtig zur Geltung. Für gedämpften Glanz können auch Gefäße und Küchengeräte aus Kupfer sorgen, die man als Übertöpfe benutzt und hier und da aufhängt oder in Regale stellt. Auch in Körben, Obststeigen und kleinen Lattenkisten lassen sich die Pflanzen dekorativ arrangieren.

DER TISCH

Auf dem Tisch dominieren ebenfalls warme Kupfer- und Orangetöne: Steinpilze, Pfifferlinge und Maronensamtsuppe, Kastanien, Walnüsse und Feigen bei den Desserts; verschiedene Fleisch- und Gemüse-Confits. Kupfergeschirr, Auflaufformen aus Ton oder Keramik und Porzellan mit schlichten Dekors in Pastellfarben in einem eher ländlichen Stil passen gut zu diesem Menü.

Herkömmliche Einmachgläser, die es in unterschiedlichen Größen und Formen gibt, eignen sich hervorragend zum Servieren von Confits, dem Crumble und allem, was unter

Umständen im Wasserbad warm gehalten werden muss. Für die kalten Speisen – den Fasan in Aspik und die Dessertcremes – sind altmodische Marmeladegläser, die sich nach oben weiten, oder kleine Gläser ideal, die man beim Trödler findet. Cremes, Joghurt und Frischkäse werden gelegentlich in Terracottatöpfchen oder hübschen dickwandigen Gläsern angeboten, die man sowohl als Essgeschirr wie als Windlichter benutzen kann.

Teller und Platten aus Baumrinde eignen sich als Behälter für Brot, Käse, eingelegtes Gemüse ... Als Farbtupfer buntes Laub oder Geschirrtücher (groß kariert oder fein gestreift) unter die Gläser legen.

In der Mitte des Tisches sorgt eine Lichterkette, deren Birnen sich unter Physaliskelchen verbergen, für gedämpftes Licht. Eine preiswerte Beleuchtung, die genau auf die Orangetöne abgestimmt ist und die Sie noch mit Tannenzweigen, Pinienzapfen, Kastanien, Eicheln, Moos und Pilzen dekorieren können.

⊙ TIPPS + TRICKS

Ausgehöhlte Minikürbisse eignen sich als Vasen für kleine Sträuße, die man aufgereiht in der Mitte des Tisches verteilen kann.

Hasendraht mit Draht oder Angelschnur aufhängen und mit Blättern, Zweigen, wildem Wein etc. verkleiden. Der leichte Draht mit den dünnen, biegsamen Maschen lässt sich leicht formen und kann überall angebracht werden.

Auch wenn sie keine Herbstfrüchte sind, passen Orangen farblich hervorragend zu dieser Dekoration, beispielsweise als Kerzenhalter. Die Früchte dazu unten etwas begradigen und ein kleines Loch für die Kerze hineinbohren. Besonders hübsch sieht es aus, wenn Sie mehrere Orangen in einer Reihe aufstellen.

Mit Federn, etwa den langen, bunten Schwanzfedern des Fasans, den kleineren, schwarz umrandeten blaugrünen Federn der Stockente, Federn vom Rebhuhn und anderem Federwild (vor allem den besonders farbenprächtigen der männlichen Tiere) lässt sich alles Mögliche machen. Man kann sie stecken, kleben, nähen, um Kerzen oder Gefäße damit zu dekorieren, oder man kann sie für Gestecke oder Sträuße verwenden.

ZUTATEN
2 große Dosen Maronen (à 820 ml)
500 ml Milch
1 l Geflügelbrühe
Salz, Pfeffer
1/4 TL Vier-Gewürze-Pulver
1 Msp. geriebene Muskatnuss
Madeira *(nach Belieben)*
300 g Sahne

Maronensamtsuppe

ZUBEREITUNG

Die Maronen abgießen, mit der Milch und der Hälfte der Geflügelbrühe in einer Kasserolle aufkochen und 10 Min. bei geringer Hitze köcheln lassen.

Im Mixer pürieren und, je nachdem wie dick die Suppe sein soll, mit der restlichen Brühe auffüllen. Mit Salz, Pfeffer, dem Vier-Gewürze-Pulver, Muskat und gegebenenfalls Madeira abschmecken. Unmittelbar vor dem Servieren die Sahne einrühren und die Suppe bei geringer Hitze unter Rühren noch einmal erhitzen.

Die Suppe sollte möglichst heiß serviert werden. Halten Sie sie deshalb am besten in einer Suppenterrine oder im Topf (mit Deckel) auf einer Wärmeplatte warm. Stellen Sie, passend zu diesem rustikalen Buffet, einen Stapel weiße oder verschiedenfarbige Keramikschälchen dazu, damit sich jeder selbst bedienen kann. Als Dekoration ein paar Kastanien – mit und ohne Schalen – und eventuell einige Kastanienzweige mit Blättern rund um den Topf verteilen.

ZUTATEN

12 junge Weiße Rübchen
30 g halbgesalzene Butter
1 EL Zucker
Saft von 1 Zitrone
1 EL Nusskrokant, gemahlen
1 Glas Gésiers de Canard Confits
(eingelegte Entenmägen)

Glacierte Weiße Rübchen mit Entenmägen

ZUBEREITUNG

Die Weißen Rübchen waschen und schälen. In einer Pfanne 5 Min. in der Butter anschwitzen, Zucker und Zitronensaft hinzufügen und die Rübchen karamellisieren lassen. Die Pfanne dabei laufend schwenken, damit die Rübchen rundherum mit dem Karamell überzogen werden. Wird der Karamell zu dunkel oder ist keine Flüssigkeit mehr in

der Pfanne, etwas Wasser angießen.

Sobald die Rübchen gerade weich sind, den gemahlenen Krokant hinzufügen und vorsichtig umrühren. Die Pfanne vom Herd nehmen und die Rübchen etwas abkühlen lassen. Die Rübchen dabei gelegentlich im Sirup wenden.

In einer zweiten Pfanne die Entenmägen bei geringer Hitze anbraten, um das Fett zu verflüssigen. Das Fett wegschütten und die Entenmägen auf Küchenpapier abtropfen lassen. Die lauwarmen Entenmägen in Streifen schneiden.

Die Weißen Rübchen mehrfach einschneiden und die Fleischstreifen in die Schlitze

stecken. Das Ganze mit Spießen feststecken.

Oder als Kanapees servieren: Dazu die Rübchen in Scheiben schneiden und abwechselnd mit den Fleischstreifen aufeinanderschichten. Die Rübchen zimmerwarm servieren oder mit Alufolie abgedeckt im Backofen warm halten.

Weiße Rübchen mit Kraut sehen sehr dekorativ aus, wenn man sie zusammen mit anderen Pflanzen hübsch in einem Drahtkorb arrangiert.

ZUTATEN

3 quadratische Toastbrote, nicht
aufgeschnitten *(vom Bäcker)*
100 g Butter
500 g Pfifferlinge
1 EL fein geschnittene Petersilie
Salz, Pfeffer
1 Eichblattsalat

FÜR DIE SAFRANCREME

150 g Sahne
2 g Safranfäden *(oder 1/4 TL Safranpulver)*
100 g frisch geriebener Parmesan

Croustaden mit Pfifferlingscreme

ZUBEREITUNG

Die Toastbrote in jeweils 3 gleich große Stücke teilen und vorsichtig mit dem Tomatenmesser aushöhlen, so dass kleine Kästchen entstehen. Boden und Wände sollten jeweils 1 cm dick sein. Die Butter bei geringer Hitze in einer kleinen Kasserolle zerlassen und die Croustaden innen und am oberen Rand gleichmäßig mit der zerlassenen Butter bepinseln. Anschließend im Backofen goldbraun backen und dabei darauf achten, dass sie nicht zu dunkel werden.

Die Pfifferlinge vorsichtig mit einem feuchten Tuch sauberreiben und in einer Pfanne anbraten, bis sie ihre Flüssigkeit vollständig abgegeben haben. Die Pilzflüssigkeit durchseihen und für die Creme aufheben. Die Pilze anschließend mit der Petersilie in etwas Butter fertigbraten, mit Salz und Pfeffer abschmecken und beiseitestellen.

Die Sahne in einer Kasserolle erhitzen und den Safran 10 Min. darin ziehen lassen. Den Parmesan in eine zweite Kasserolle geben und bei geringer Hitze unter laufendem Rühren nach und nach die Safransahne und gegebenenfalls etwas Pilzflüssigkeit (falls die Creme zu fest wird) angießen, bis der Käse geschmolzen und eine homogene Masse entstanden ist. Die Pilze hineingeben und in der Creme wenden, bis sie damit überzogen sind. Mit Salz und Pfeffer abschmecken.

Den Salat waschen und trockenschleudern. Die Croustaden jeweils mit 2–3 Salatblättern auslegen (sie müssen vollständig mit den Blättern ausgekleidet sein, damit sich das Brot nicht mit der Creme vollsaugt) und mit der Pilzcreme füllen. In Alufolie einschlagen, damit sie nicht austrocknen, und bei geringer Hitze im Backofen warm halten.

ZUTATEN

1 Kaninchen
Fleur de Sel
zerstoßener Pfeffer
einige Wacholderbeeren,
zerdrückt
1 kg Entenschmalz
1 kleiner Rotkohl
60 g Butter
1 EL Honig
Salz, Pfeffer
50 ml Sherry- oder Cidre-Essig
1 Birne *(nach Belieben)*

Kaninchenterrine mit Rotkohl

ZUBEREITUNG

Das Kaninchen in Stücke zerlegen. Fleur de Sel, Pfeffer und Wacholderbeeren mischen, das Fleisch damit einreiben und über Nacht kalt stellen.

Die Fleischstücke am nächsten Tag mit Küchenpapier trockenreiben, in einen gusseisernen Schmortopf legen, mit dem Entenschmalz bedecken und etwa 3 Std. bei geringer Hitze garen, bis sich das Fleisch von den Knochen löst. Etwas abkühlen lassen, die Knochen entfernen, das Fleisch mit einer Gabel zerdrücken und beiseitestellen.

Den Rotkohl halbieren, den Strunk herausschneiden und die äußeren Blätter entfernen. Den Kohl waschen und mit einem scharfen Messer in sehr feine Streifen schneiden. Die Butter in einer Pfanne zerlassen und den Kohl einige Minuten darin anschwitzen. Den Honig hinzufügen, mit Salz und Pfeffer würzen und 30–45 Min. weich garen. Anschließend mit dem Essig ablöschen und gegebenenfalls eine in Würfel geschnittene und in Honig karamellisierte Birne untermischen.

In kleine Einmachgläser jeweils 1 Schicht Rotkohl füllen, das Fleisch darauf verteilen und das Ganze mit der Kochflüssigkeit des Kohls übergießen.

Die Gläser – ohne Gummiringe – im Backofen in einem Wasserbad warm halten und die Terrinen lauwarm servieren. Um dem Ganzen einen noch rustikaleren Touch zu geben, die Gummiringe vor dem Servieren um die Deckel legen.

ZUTATEN

600 g frische Steinpilze
1 EL Olivenöl
Salz
100 g Sahne
2 Knoblauchzehen
100 g Walnusskerne, gehackt
50 g Roquefort
100 g Mehl
50 g Butter

Steinpilz-Crumble mit Walnüssen und Roquefort

ZUBEREITUNG

Die erdigen Stielenden der Steinpilze abschneiden. Die Pilze mit einer kleinen Bürste sorgfältig säubern (nach Möglichkeit nicht waschen), kleinschneiden und in dem Olivenöl in einer Pfanne anbraten, bis sie ihre Flüssigkeit vollständig abgegeben haben. Salzen und beiseitestellen.

Die Sahne mit dem Knoblauch, 1/3 der Walnüsse und 20 g Roquefort im Mixer zu einer Creme aufschlagen. Die Creme zu den Pilzen geben und umrühren.

Den Backofen auf 160 °C (140 °C Umluft) vorheizen.

In einer Schüssel das Mehl mit der Butter, dem restlichen Roquefort und den übrigen Walnüssen zu einem krümeligen Teig verkneten. Ist der Teig zu klebrig, noch etwas Mehl hinzufügen. Ist er zu trocken, noch etwas Butter oder Roquefort dazugeben.

Die Steinpilze auf feuerfeste Gläschen oder Auflaufförmchen verteilen, mit den Streuseln bestreuen und etwa 15 Min. backen. Dabei darauf achten, dass die Streusel nicht zu dunkel werden.

Die Crumbles mit roten Herbstblättern (wilder Wein, Ahorn oder Roteiche haben im Herbst besonders schöne rote Blätter) und Walnusshälften garnieren.

Fasan in Kräuteraspik

ZUTATEN
1 Fasan
2 Möhren
1 Zwiebel
1 Kräutersträußchen mit viel Thymian
500 ml trockener Weißwein
20 cl Noilly Prat
Salz, Pfeffer
je 1 großes Bund Petersilie, Kerbel und Koriandergrün
1/2 Bund Estragon

ZUBEREITUNG

Den Fasan in Stücke zerteilen, mit der Karkasse, dem geputzten und kleingeschnittenen Gemüse, dem Kräutersträußchen, Weißwein und Noilly Prat in einen Schmortopf geben und so viel Wasser angießen, dass das Fleisch bedeckt ist. Aufkochen lassen, mit Salz und Pfeffer würzen und etwa 1 Std. kochen lassen, bis sich das Fleisch von den Knochen löst.

Die Karkasse wegwerfen und das Fleisch aus dem Topf nehmen. Die Kochflüssigkeit durch ein Siebtuch oder eine Filtertüte seihen und abkühlen lassen. Die Kräuter waschen, trockentupfen, fein schneiden und mischen.

Das lauwarme Fleisch von Haut und Knochen befreien und in Würfel schneiden. Wenn die Brühe geliert ist, das Fett an der Oberfläche abschöpfen, die Brühe bei geringer Hitze wieder verflüssigen und mit Salz und Pfeffer abschmecken.

Das Fleisch auf kleine Gläser verteilen, mit 1 EL Kräutern bestreuen und so viel von der erkalteten Brühe angießen, dass die Gläser bis 1 cm unterhalb des Randes gefüllt sind. Dabei die Kräuter gleichmäßig verteilen. Das Gelee fest werden lassen und die Gläser bis zum Servieren in den Kühlschrank stellen.

Gut gekühlt servieren und dazu eventuell eine Zitronenmayonnaise oder eine mit Sherryessig verfeinerte Creme aus Mayonnaise und Quark servieren.

Eingelegte Paprikaschoten

ZUTATEN UND ZUBEREITUNG

3 Paprikaschoten im heißen Backofen rösten, bis die Schale schwarz wird. Die Schoten dabei ein- bis zweimal wenden. Anschließend in einen Plastikbeutel geben, etwas abkühlen lassen und die Schale abziehen. Die Kerne und die weißen Häutchen entfernen und das Fruchtfleisch in feine Streifen schneiden. Mit Küchenpapier trockentupfen und mit 2 geschälten und leicht zerdrückten Knoblauchzehen in ein Einmachglas geben. Mit Olivenöl bedecken und einige Stunden im Kühlschrank ziehen lassen. 1 Std. vor dem Servieren herausnehmen, damit das Öl wieder flüssig wird.

Eingelegte Steinpilze

ZUTATEN UND ZUBEREITUNG

Gesäuberte und in Scheiben geschnittene Steinpilze 2 Min. in kochendem Salzwasser blanchieren. Gut abtropfen lassen und zwischen mehreren Lagen Küchenpapier trocknen. Mit Lorbeerblättern und einigen ganzen Knoblauchzehen in ein Einmachglas geben und mit Oliven- oder Traubenkernöl bedecken. Vor dem Servieren einige Tage im Kühlschrank ziehen lassen. Das aromatisierte Öl zum Verfeinern anderer Speisen verwenden.

Geschmolzene Zwiebeln mit Rosinen

ZUTATEN UND ZUBEREITUNG

5 rote Zwiebeln in Ringe schneiden und in etwas Butter goldgelb anschwitzen. 50 g Rosinen und 1 EL Honig hinzufügen und die Zwiebeln kurz karamellisieren lassen. Mit 50 ml Weinessig ablöschen, mit Salz und Pfeffer abschmecken, mit etwas Farinzucker bestreuen und 100 ml Rotwein angießen. Das Ganze bei geringer Hitze köcheln lassen, bis die Zwiebeln sehr weich sind. Abkühlen lassen und in kleine Steinguttöpfe oder Einmachgläser füllen.

Damit sich das eingelegte Gemüse länger hält, die Gläser und die Deckel vorher mit kochend heißem Wasser ausspülen und umgedreht auf einem Geschirrtuch trocknen lassen.

Saftige Maronenwürfel

ZUTATEN
500 ml Milch
1 Vanilleschote
1 große Dose Maronen (à 820 ml)
*(oder die entsprechende Menge
vakuumverpackte Maronen)*
3 Eier
200 g Zucker
100 g weiche Butter
5 cl Rum *(oder 2,5 cl Rum und
2,5 cl Kastanienlikör)*

ZUBEREITUNG
Den Backofen auf 160 °C (140 °C Umluft) vorheizen. Die Milch in eine Kasserolle gießen, die Vanilleschote der Länge nach aufschlitzen und das Mark über der Kasserolle herauskratzen. Die abgetropften Maronen hinzufügen und etwa 15 Min. bei geringer Hitze in der Milch kochen. Anschließend aus der Milch nehmen und durch die Lotte passieren.

In einer Schüssel die Eier und den Zucker mit dem Schneebesen schaumig schlagen. Die Butter und danach die pürierten Maronen hinzufügen, gut umrühren und die Creme mit dem Rum parfümieren.

Eine Kastenform mit Butter einfetten (bei einer Silikonform ist ein Einfetten nicht erforderlich), die Masse einfüllen und etwa 40 Min. im Wasserbad garen. Am Ende der Garzeit mit einem spitzen Messer einstechen, um zu prüfen ob die Masse fest ist: Das Messer muss sauber bleiben. Aus dem Ofen nehmen, abkühlen lassen und in den Kühlschrank stellen.

Das Gebäck gut gekühlt in Würfel geschnitten servieren und dazu eine mit Rum (oder mit Kastanienlikör) oder mit Vanille aromatisierte Englische Creme reichen, die Sie aus der Milch zubereiten können, in der die Kastanien gekocht wurden.

Walnusswürfel

ZUTATEN
160 g Butter
4 Eier
280 g Walnusskerne
180 g Zucker

ZUBEREITUNG
Den Backofen auf 180 °C (160 °C Umluft) vorheizen. Die Butter bei geringer Hitze zerlassen (etwas Butter zum Einfetten der Form zurückbehalten, wenn Sie keine Silikonform verwenden). Die Eier trennen.

Die gehackten Walnüsse in einer Schüssel mit den Eigelb verrühren, anschließend den Zucker und zum Schluss die zerlassene Butter hinzufügen.

Die Eiweiß sehr steifschlagen. Ein Drittel des Eischnees unter die Nussmischung rühren und danach den restlichen Eischnee vorsichtig unterheben.

Eine Form mit Butter einfetten und mit Mehl ausstäuben, die Nussmischung einfüllen und etwa 20 Min. backen. Am Ende der Backzeit mit einem spitzen Messer prüfen, ob die Masse fest ist: Das Messer muss sauber bleiben. Aus dem Ofen nehmen, etwas abkühlen lassen und aus der Form stürzen.

Das Gebäck in kleine Quadrate schneiden und mit Walnusshälften oder Schokoladenraspeln verzieren. Für Schokoladenfans können Sie die Walnusswürfel auch mit etwas in Sahne geschmolzener Schokolade überziehen.

Eiercreme

ZUTATEN UND ZUBEREITUNG

2 Eier kräftig mit 50 g Zucker und 2 TL Vanillesirup (oder 2 Päckchen Vanillezucker) verschlagen. 250 ml Milch mit einem feinen Strahl einlaufen lassen und kräftig mit dem Schneebesen schlagen. Die Mischung in kleine, hitzebeständige Gläser füllen und im 180 °C (160 °C Umluft) heißen Backofen in einem Wasserbad 15–20 Min. (je nach Größe der Gläser) garen. Am Ende der Garzeit mit einem spitzen Messer einstechen, um zu prüfen, ob die Creme gestockt ist (das Messer muss sauber bleiben).

Süße Kürbiscreme

ZUTATEN UND ZUBEREITUNG

250 g Hokkaidokürbis waschen, kleinschneiden und in kochendem Wasser garen. Die Schale muss nicht entfernt werden, wenn Sie es dennoch wollen, erst nach dem Kochen schälen, denn der Hokkaidokürbis lässt sich roh nur schwer schälen. Den abgetropften Kürbis mit 3 Eiern, 60 g Butter, 4 zerkrümelten Kandis-Keksen und 250 g flüssiger Sahne im Mixer zu einer glatten Creme verrühren, in kleine, hitzebeständige Gläser füllen und wie oben beschrieben garen.

Wenn Ihr Wasserbad ausreichend groß ist, können Sie auch beide Cremes zusammen garen. Die Cremes anschließend abkühlen lassen, in den Kühlschrank stellen und gut gekühlt servieren.

Am besten bereitet man diese Cremes in kleinen Marmeladengläsern zu, wie man sie in Hotels bekommt. Dekorativ auf einem mit bunten Wiesenblumen verzierten Moosteppich angerichtet, werden diese Mini-Desserts zu einem hübschen Blickfang auf Ihrem herbstlichen Tisch. Stellen Sie dazu noch einen dekorativen kleinen Topf mit Mokkalöffeln.

ZUTATEN
10 reife, aber nicht zu
weiche Feigen
50 g Farinzucker *(brauner
Streuzucker)*

FÜR DIE MANDELCREME
1 Ei
100 g Zucker
125 g gemahlene Mandeln
100 g sehr weiche Butter
1–2 EL Crème double
etwas Kirschwasser, Rum o. Ä. zum
Parfümieren *(nach Belieben)*

Gratinierte Mandelcreme mit Feigen

ZUBEREITUNG

Den Backofen auf 160 °C (140 °C Umluft) vorheizen.

In einer Schüssel das Ei kräftig mit dem Zucker verrühren. Anschließend die gemahlenen Mandeln und danach die Butter hinzufügen. Die Paste mit der Crème double verrühren und gegebenenfalls mit etwas Alkohol parfümieren.

Die Feigen waschen, aber nicht schälen.

Kleine Auflaufformen mit Butter einfetten und jeweils 1 Feige mit der Spitze nach oben hineinsetzen. Die Früchte kreuzweise einschneiden, vorsichtig auseinanderziehen und die Spitzen festhalten, während Sie die Creme in die Förmchen füllen. Die Spitzen der Feigen sollten nicht mit Creme bedeckt sein, denn die Creme geht beim Garen etwas auf.

Die Cremes etwa 15 Min. im Backofen garen, bis sie oben leicht gebräunt sind. Nach der Hälfte der Garzeit mit dem Farinzucker bestreuen. Mit einem spitzen Messer einstechen, um zu prüfen, ob die Creme gestockt ist (das Messer muss trocken bleiben). Am besten schmeckt dieses Dessert frisch aus dem Ofen.

Wenn Sie das Dessert im Voraus zubereiten, die Creme vor dem Servieren noch einmal erhitzen und erst dann mit dem Farinzucker gratinieren.

N O V E M B E R

Machen Sie Ihr Spiel!

Schlagen Sie dem grauen November ein Schnippchen, holen Sie sich Spaß und Spiel ins Haus und lassen Sie sich mit Gesellschafts-, Geschicklichkeits-, Glücks-, Karten- und Strategiespielen in die Kindheit zurückversetzen. Die Dekoration erfordert keinen großen Aufwand, denn welcher Haushalt verfügte nicht über diverse Schachteln mit Würfeln, Spielkarten, Spielsteinen … Für die »spielerische Aufbereitung« der Speisen, die zugleich Dekorationselemente werden, müssen Sie allerdings etwas mehr Zeit aufwenden. Doch was könnte schöner sein, als seiner Fantasie an einem tristen, verregneten Novembertag freien Lauf zu lassen und die Küche in eine Spielwiese zu verwandeln, um sich damit zu vergnügen, traditionellen Gerichten ein völlig neues Gesicht zu verleihen? Und einen positiven Nebeneffekt hat das Ganze auch noch: So verpackt werden auch die Jüngsten verpöntem Gemüse und anderen Speisen, die sie nicht mögen, kaum widerstehen können. Ein paar lustige Formen oder Ausstecher sind also durchaus eine lohnende Investition. Bei meinen Kindern hat sich in dieser Hinsicht die Puzzle-Form als sehr hilfreich erwiesen …

Ein Damebrett
Ein Bilboquet
Makronen

FÜR DIE DEKORATION

DER ORT

Der Ort spielt bei diesem Motto im Prinzip nur eine untergeordnete Rolle. Ob drinnen oder draußen – es sind vor allem die Anordnung der Tische, die Präsentation der Speisen und die Dekoration, die eine spielerische Atmosphäre schaffen. Für den November, wo das Ganze drinnen stattfinden muss, habe ich mich für eine eher strenge, schwarz-weiße Dekoration entschieden. Für den Sommer kann ich mir auch eine buntere Version im Freien vorstellen. Das Motto ist schließlich geradezu ideal für einen Kindergeburtstag oder einen Familientag im Freien.

DIE ACCESSOIRES

Als Damebrett quadratische Tischplatten (80 x 80 cm) auf Tam-Tam-Hocker legen, denen Steine einen sicheren Stand geben. Die Tische können bloß schwarz sein, oder man mischt schwarze und weiße Tische. Einfache, schwarz angestrichene oder mit schwarzem Stoff bezogene Spanplatten, die man auf Holzböcke auflegt, eignen sich genauso gut.

Und weiter: Als Sitzgelegenheiten dienen ein paar schwarze und weiße Schaumstoffwürfel, die mit selbstklebenden weißen und schwarzen Filzkreisen (wie man sie unter Stuhl- und Tischbeine klebt) in Würfel verwandelt werden. Weiß bezogene Rechtecke aus Schaumstoff, auf die man große schwarze Knöpfe näht, werden zu großen Dominosteinen. Aus zwei großen Rollen PVC, eine in Schwarz und eine in Weiß, gleich große Quadrate ausschneiden, aufkleben – und schon haben Sie ein paar große Dame- oder Schachbretter, auf denen Sie Ihre »Dame«-Tartes (siehe S. 249) anrichten können.

Noch größer ist die Bandbreite der Möglichkeiten mit farbigem PVC. Wie wäre es etwa mit einem Bingo-, Lotto- oder Backgammonspiel? Und dazu ein paar bunte, mit Zahlen bemalte Pappteller als Jetons. Für das Backgammon lange, schmale Weißbrotdreiecke auf grünem PVC anrichten und

dazu kleine Wurstscheiben als Spielsteine und Käsewürfel, in die man kleine Olivenstückchen steckt, als Würfel.

Als Schachfiguren eignen sich hohe, schwarze und weiße Kerzen in unterschiedlichen Größen. Vielleicht kennen Sie aber auch jemanden, der Ihnen ein Gartenschachspiel leihen kann.

Bunte Kugelkerzen in einer Triangel (aus weißen Hölzern zusammenkleben) werden zu Billardkugeln. Silberfarbene

Kugelkerzen und dazu eine kleinere, weiße oder gelbe Kerze als Zielkugel – und schon haben Sie ein Bocciaspiel. Ein Bilboquet lässt sich zum Kerzenhalter umfunktionieren.

Eine originelle und günstige Dekoration sind stark vergrößerte, auf Karton oder dünne Spanplatten aufgezogene Spielkarten, die man an die Wand lehnen oder auf den Boden legen kann. In etwas kleinerer Form könnte man sie auch zu Serien – Vierer-Flush, Drilling, Full House … – zusammenstellen.

Mit Stickern, die in allen nur denkbaren Formen und Größen erhältlich sind, lassen sich Wände und Geschirr dekorieren.

DER TISCH

Zum Servieren der Speisen eignen sich am besten Schieferplatten oder andere einfarbige Platten in neutralen Farben. Das Essgeschirr sollte schwarz oder weiß sein und noch mit Spielsteinen, Würfeln, Jetons etc. beklebt werden. Kleine Aufkleber aus Filz und anderen Materialien gibt es preiswert in allen Formen und Größen (siehe Adressen, S. 299).

⊙ TIPPS + TRICKS

Schwarze Tafelfarbe und selbstklebende Tafelfolien, auf die man mit Kreide schreiben kann, gibt es im Fachhandel für Hobby- und Künstlerbedarf (siehe Adressen, S. 298). Sie

lassen sich auf alle möglichen Oberflächen streichen oder kleben, und man kann so beispielsweise ein Himmel-und-Hölle-Spiel auf einen Tisch malen.

Wenn Sie nur über einen Tisch verfügen, ist ein Kartenspiel die beste Dekoration: Nehmen Sie ein altes Bettlaken und malen Sie mit Permanentmarker eine Spielkarte darauf. Wer gut malen kann, der kann sich an Figuren versuchen, die anderen belassen es bei Pik, Herz, Karo und Ass mit den entsprechenden Zahlen.

Auch Kinderspiele und -spielsachen lassen sich in die Dekoration integrieren, etwa große Lego- oder Puzzlesteine aus buntem Schaumstoff (in Spielwarengeschäften und Geschäften für Kleinkindbedarf erhältlich), die man zu einem Teppich zusammenlegen kann.

Schließlich können Sie noch Asse, Herzen oder andere bekannte Spielfiguren aus dünnen Teppichboden- und Nadelfilzresten ausschneiden und als kleine Teppiche auf dem Boden verteilen.

Krebs-Hummer-Puzzle

Für das Rezept benötigen Sie eine Puzzle-Silikonbackform (siehe Adressen, S. 298).

ZUTATEN UND ZUBEREITUNG

Die Form, auch wenn dies bei Silikonformen eigentlich nicht erforderlich ist, vor allem in den Ecken mit Butter einfetten, damit beim Stürzen nichts abbricht. Den Backofen auf 160 °C (140 °C Umluft) vorheizen. Die Form in die Fettpfanne des Backofens stellen. In einer Schüssel 6 Eier kräftig mit dem Schneebesen verschlagen. 2 Dosen gut abgetropftes Krebsfleisch (insg. ca. 350 g), 150 ml ungezuckerte Kondensmilch und 1 Dose konzentrierte Hum-

mersuppe (die Suppe nicht wie auf der Dose angegeben mit Wasser verdünnen) hinzufügen. Die Mischung in die Form füllen, etwas Wasser in die Fettpfanne gießen und das Ganze etwa 40 Min. im Wasserbad garen. Anschließend abkühlen lassen und vorsichtig aus der Form stürzen. Die Teile auf einer Servierplatte zusammensetzen und mit Limettenscheiben garnieren. Die »Puzzleteile« sind relativ groß und können deshalb noch geteilt werden.

„Gänsespielereien"

Mit den verschiedenen kleinen Gerichten auf der Basis von Gänsebrust (oder Entenbrust) soll das altertümliche Gänsespiel nachempfunden werden. Als Würfel dienen hohe, quadratische, mit selbstklebenden Filzpunkten beklebte Gefäße, als Spielfiguren quadratische Schalen. Kleine selbstklebende Gänse aus Holz (in den Bastel- und Spielwarenabteilungen der Kaufhäuser erhältlich) komplettieren das Ganze.

Mariniertes Gänsebrust-Carpaccio

ZUTATEN UND ZUBEREITUNG

1 frische Gänsebrust vom Fett befreien und in die Gefriertruhe legen. In hauchdünne Scheiben schneiden, mit Haselnussöl beträufeln, mit etwas Fünf-Pfeffer-Mix übermahlen und ziehen lassen. Die abgetropften Scheiben rosettenförmig anrichten. Rohes Sauerkraut gründlich abspülen, abtropfen lassen und in der Mitte der Rosetten verteilen. Das Sauerkraut mit der aufgefangenen Marinade und etwas Cidre-Essig beträufeln und mit grob gehackter Haselnuss bestreuen.

Variante: Ein paar kleine, knackige Pfifferlinge kurz mit etwas Salz in Butter anbraten und darüberstreuen.

Entenbrust in Preiselbeerkaramell

ZUTATEN UND ZUBEREITUNG

Die Haut von 1 rohen Enten- oder Gänsebrust rautenförmig einschneiden und das Fleisch mit der Hautseite nach unten in der Pfanne anbraten. Das Fett dabei abschöpfen. Sobald die Haut goldbraun ist, umdrehen und die andere Seite bei mittlerer Hitze braten. Rechnen Sie insgesamt etwa 7–12 Min. Bratzeit, je nachdem wie sehr das Fleisch durchgegart sein soll. Die Pfanne anschließend vom Herd nehmen, das Fleisch in Alufolie verpacken und ruhen lassen.

Die Pfanne wieder auf den Herd stellen und bei geringer Hitze 2 EL Preiselbeeren und 50 g Zucker darin erhitzen. Mit etwa 50 ml Himbeeressig ablöschen, einkochen und karamellisieren lassen. Die Pfanne dann vom Herd nehmen. Die Enten- oder Gänsebrust in dünne Scheiben schneiden, in die Pfanne geben und mit dem Preiselbeerkaramell überziehen. Dazu passt ein mit etwas Olivenöl, Balsamico-Essig, Fleur de Sel und frisch gemahlenem Pfeffer angemachter Feldsalat, den Sie mit ein paar Preiselbeeren und frischen Kräutern garnieren.

Getrocknete Geflügelbrust

Die Enten- oder Gänsebrust in dünnen Scheiben schneiden und mit Quittengelee oder einem Chutney aus Früchten Ihrer Wahl (Feigen, Birnen, Trockenfrüchte) servieren.

ZUTATEN

1 Portion backfertiger Mürbeteig
oder 12 fertige Mini-Tortelettes
Butter
getrocknete Hülsenfrüchte
1 Zwiebel, gehackt
150 g Sellerie, gegart und püriert
Salz, Pfeffer
2 Äpfel
etwas Zitronensaft
1 Weißwurst
1 Blutwurst

»Dame«-Tartes

ZUBEREITUNG

Den Backofen auf 200 °C (180 °C Umluft) vorheizen.

Mit einer runden Ausstechform oder einem Glas Kreise aus dem Mürbeteig ausstechen und eine Mini-Tortelette-Form aus Silikon damit auslegen. Gleich große Kreise aus Backpapier ausschneiden, auf die Tortelettes legen und mit getrockneten Hülsenfrüchten beschweren.

Die Tortelettes etwa 15 Min. blindbacken.

Ein walnussgroßes Stück Butter in einer Pfanne erhitzen und die Zwiebel darin anbraten, das Selleriepüree dazugeben, mit Salz und Pfeffer abschmecken und das Ganze einige Minuten kochen lassen, bis die Mischung trocken wird.

Die Äpfel schälen, in Würfel schneiden, in einer zweiten Pfanne in etwas Butter und Zitronensaft sehr weich dünsten und mit Salz und Pfeffer würzen. Wenn die Äpfel beim Garen ansetzen, etwas Wasser angießen. Die Äpfel etwas mit einer Gabel zerdrücken und beide Pürees beiseitestellen.

Die Würste in 1 cm dicke Scheiben schneiden. Eine Pfanne leicht mit Butter einfetten und die Wurstscheiben auf beiden Seiten einige Minuten darin anbraten. Vorsichtig wenden, damit die Scheiben nicht zerfallen. Anschließend auf einen Teller legen.

Die Hälfte der Tortelettes mit dem Selleriepüree füllen und 1 Weißwurstscheibe darauf-

legen. Die andere Hälfte mit den Äpfeln füllen und 1 Scheibe Blutwurst daraufsetzen.

Aus selbstklebendem weißem PVC Quadrate ausschneiden und eine schwarze quadratische Schieferplatte so damit bekleben, dass ein Damebrett entsteht (oder eine weiße Porzellanplatte mit schwarzen Quadraten bekleben), und die Tartelettes darauf anrichten. Die Tartelettes lauwarm servieren oder mit Alufolie abgedeckt bei geringer Hitze im Backofen warm halten.

Gemüse-Zauberwürfel

*Dieses Gericht besteht aus 5 Gemüse-
puddings bzw. -flans, die getrennt
zubereitet und zusammen angerichtet
werden.*
*Die fertigen Zauberwürfel mit Kuchen-
gabeln servieren.*

Safranpudding

ZUTATEN UND ZUBEREITUNG

6 Eier kräftig mit dem
Schneebesen verrühren. 150 g
Ricotta hinzufügen. In einer
kleinen Kasserolle 150 ml Milch
erhitzen. Den Topf vom Herd
nehmen und 1/4 TL gemahlenen
Safran oder 2 g Safranfäden etwa
10 Min. darin ziehen lassen.
Die Milch mit der Eier-Ricotta-
Mischung verrühren und mit

Salz und Pfeffer abschmecken.
Eine Kastenform mit Butter
einfetten, die Mischung hinein-
gießen und in einem Wasserbad
im 180 °C (160 °C Umluft) heißen
Backofen etwa 30–40 Min.
garen. Anschließend etwas abkühlen lassen und aus der Form
stürzen.

*Den Blumenkohlpudding mit
einer mit Sahne und Zitronensaft verfeinerten Mayonnaise,
den Safranpudding mit einer
Safranmayonnaise servieren.
Den Tomaten-, den Zucchini-
und den Möhrenflan kann man
ohne Sauce genießen.*

Blumenkohlpudding

ZUTATEN UND ZUBEREITUNG

1 kleinen Blumenkohl in Rös-
chen zerteilen, waschen und in
reichlich kochendem Salzwasser
weich garen. In einer Kasserolle
mit dickem Boden 30 g Butter
zerlassen, 30 g Mehl hinzufügen
und einige Minuten anschwitzen, 250 ml Milch angießen und
dabei laufend mit dem Schneebesen rühren, bis eine glatte
Sauce entstanden ist. 3 Eier
trennen. Den Topf vom Herd
nehmen und die Eigelb unter
die Bechamelsauce rühren.
Mit Salz, Pfeffer und etwas

frisch geriebener Muskatnuss
abschmecken. Den Blumenkohl
pürieren und unter die Sauce
mischen. Die Eiweiß steifschlagen und vorsichtig unterheben. Noch einmal abschmecken
und 2 EL frisch geriebenen
Parmesan untermischen. Den
Pudding wie oben beschrieben
garen. Damit die Gemüse-
puddings alle die gleiche Größe
haben, sollten sie möglichst in
ein und derselben Form gegart
werden.

Zucchini-Flan

ZUTATEN UND ZUBEREITUNG

3 Zucchini waschen, in Stücke schneiden und im Siebeinsatz des Dampfkochtopfs weich garen. In einem Sieb abkühlen lassen und anschließend mit einem Spatel zerdrücken, um ihnen die Flüssigkeit möglichst vollständig zu entziehen. Das Fruchtfleisch im Mixer fein pürieren. In einer Schüssel 3 Eier mit 100 g Ricotta verschlagen. 20 g Maisstärke mit 100 ml ungesüßter Kondensmilch anrühren und zur Eier-Ricotta-Mischung geben. Das Zucchinipüree unterrühren und mit Salz und Pfeffer abschmecken. 1 Bund frische Kräuter (Koriandergrün, Kerbel, Basilikum oder Minze) fein schneiden und ebenfalls untermischen. Den Flan wie auf Seite 250 beschrieben garen.

Möhrenpudding mit Bacon

ZUTATEN UND ZUBEREITUNG

600 g Möhren waschen, schälen, in Stücke schneiden und im Dampfkochtopf weich garen. 6 Scheiben Bacon ohne Zugabe von Fett in einer Pfanne bei mittlerer Hitze knusprig braten. 150 g Crème fraîche bei mittlerer Hitze erwärmen. Den Speck grob zerkleinern, etwa 10 Min. in der Crème fraîche ziehen lassen und das Ganze anschließend im Mixer pürieren. Die Möhren abgießen und im Mixer mit der Speckcreme pürieren. 3 Eier kräftig verrühren und unter das Möhrenpüree mischen. 10 g Maisstärke in 50 ml ungezuckerter Kondensmilch anrühren und ebenfalls unterrühren. Mit Salz und Pfeffer abschmecken und wie auf Seite 250 beschrieben garen.

Tomaten-Paprika-Flan

ZUTATEN UND ZUBEREITUNG

1 mittelgroße Dose (400–500 g) ganze geschälte Tomaten abtropfen lassen (dabei etwas Saft auffangen) und mit 1 Glas in Öl eingelegten Paprikastreifen, 1 großen EL doppelt konzentriertem Tomatenmark und 1/2 Glas Pesto rosso im Mixer pürieren. Wenn Sie die Knoblauchzehen und das Öl aus dem Paprikaglas mit verwenden, etwas weniger Pesto rosso nehmen. 1 EL Maisstärke in 50 ml Tomatensaft anrühren und unter das Püree mengen. 3 Eier kräftig verschlagen und sorgfältig unter das Püree rühren. Mit Salz und Pfeffer abschmecken. Eine Kastenform mit Butter einfetten und mit Mehl ausstäuben. Das Püree einfüllen und wie auf Seite 250 beschrieben garen.

TIPPS ZUM GAREN UND STÜRZEN

Für die Gemüsepuddings keine Silikonform verwenden. Sie ist aufgrund ihrer Biegsamkeit für flüssigere Teige weniger geeignet. Die Form stets großzügig mit Butter einfetten und mit Mehl ausstäuben, dann lassen sich die Puddings und Flans problemlos stürzen.

Um zu prüfen, ob die Gemüsepuddings gar sind, am Ende der Garzeit mit einem spitzen Messer hineinstechen (das Messer muss sauber bleiben). Die Garzeit kann zwischen 30 und 50 Min. variieren. Nimmt der Pudding zu schnell Farbe an, mit Alufolie abdecken. Die Flans vor dem Stürzen etwas abkühlen lassen und die ausgekühlten Puddings, einzeln in Frischhaltefolie verpackt, einige Stunden im Kühlschrank fest werden lassen, bevor Sie die Zauberwürfel herstellen.

FERTIGSTELLUNG

Ein langes Schinken- oder Lachsmesser, bei dem die Klinge überall gleich breit ist, eignet sich am besten, um die Puddings in Quadrate zu zerteilen. Einen Flan im rechten Winkel zum Rand der Arbeitsfläche auf eine flexible Unterlage (z. B. ein Schneidebrett oder eine Backmatte) legen. Er lässt sich dann leichter zerteilen. Die Ränder des Flans begradigen, so dass ein perfektes Rechteck entsteht. Den Pudding mit Hilfe der Messerklinge aufrichten, so dass er auf der schmalen Seite steht. Mit der Messerklinge die Breite der ersten Scheibe vorzeichnen und die erste Scheibe dann abschneiden. Je nachdem, wie groß der Pudding ist, erhalten Sie 2–3 Scheiben. Die Abfälle brauchen Sie nicht. Die Scheiben akkurat aufeinanderlegen, wieder im rechten Winkel vor sich hinlegen und die Scheiben auf die gleiche Weise der Länge nach in Streifen schneiden. Den Flan anschließend parallel zum Rand der Arbeitsfläche legen und die Streifen sorgsam schneiden, so dass gleichmäßige Würfel entstehen. Mit den anderen Flans ebenso verfahren. Die Würfel anschließend zu einem Zauberwürfel zusammensetzen. Dabei die festeren Flans an den Ecken platzieren. Jede Seite besteht aus 9 Quadraten, das heißt, der Gesamt-Würfel muss aus insgesamt 27 Würfeln zusammengesetzt werden. Die fertigen Zauberwürfel bis zum Servieren kalt stellen.

Käsehäppchen »1000 Meilen«

ZUTATEN UND ZUBEREITUNG

Sie benötigen 1 großes Netz Mini-Babybels. Die rote Wachsumhüllung aufreißen und dabei darauf achten, dass die Schalenhälften nicht beschädigt werden. Verschiedene pikantere Käse (Tomme, Cantal, Beaufort ...) in Rechtecke in der Breite der Schalen schneiden und in die Schalenhälften stecken. Eine originelle Art der Präsentation, die noch dazu den Vorteil hat, dass man keine Spießchen braucht. Anstelle von Brot können Sie dazu Cracker und *Digestives* (englisches Teegebäck) reichen. Die Käsehäppchen auf einem Bett aus Salatblättern anrichten, das den Grünstreifen am Straßenrand symbolisiert.

Das Ganze noch mit verschiedenen Straßenschildern garnieren: Verbot der Einfahrt (Tomatenscheiben mit Käsestreifen), rote und grüne Ampeln (Selleriestangen, in die Sie Kirschen und Weintrauben stecken) und dazu kleine Figuren, die an die Figuren aus dem seit Jahrzehnten bekannten Kartenspiel erinnern: Schwalbe, Hase, Ente, Schnecke etc. und kleine Autos. Ideal für ein Kinderbuffet!

Panna Cotta »Pik-Ass«

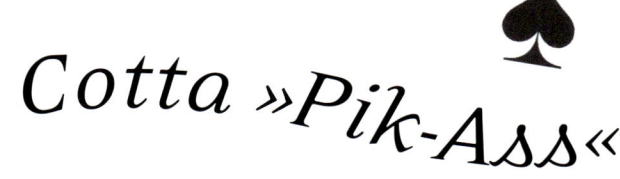

ZUTATEN UND ZUBEREITUNG

1 unbehandelte Zitrone waschen und die Schale mit einem Sparschäler in einem dünnen Band abschälen. 750 g flüssige Sahne mit 75 g Zucker in eine Kasserolle mit dickem Boden geben und zusammen mit der Zitronenschale bei mittlerer Hitze aufkochen lassen und den Topf vom Herd nehmen. Zudecken und etwa 10 Min. ziehen lassen. Inzwischen 6 Blatt Gelatine in reichlich kaltem Wasser einweichen. Die Zitronenschale aus der Sahne nehmen und dabei gut ausdrücken.

Die Gelatineblätter einzeln ausdrücken und unter Rühren in der heißen Sahne auflösen. Eine rechteckige Form (z. B. eine Gratinform) kalt ausspülen (aber nicht abtrocknen) und mit Frischhaltefolie auslegen. Die Folie dabei am Rand großzügig überstehen lassen. Die Panna Cotta langsam in die Form gießen, abkühlen lassen und mindestens 6 Std. in den Kühlschrank stellen.

FERTIGSTELLUNG

4 Blatt Gelatine in kaltem Wasser einweichen. 2 EL rotes Johannisbeergelee mit etwas Wasser in einer Kasserolle erhitzen. In einer zweiten Kasserolle 2 EL schwarzes Johannisbeergelee erhitzen, aber nicht zum Kochen kommen lassen. Jeweils 2 gut ausgedrückte Gelatineblätter in jedem Gelee auflösen. Beide Gelees auf kleine, flache, mit Frischhaltefolie ausgelegten Teller gießen und im Kühlschrank fest werden lassen.

Die Panna Cotta auf eine Schieferplatte oder eine andere große, dunkle Platte stürzen. Mit einer Ausstechform aus dem schwarzen Johannisbeergelee kleine Piks ausstechen und in die Ecken und die Mitte der Karte setzen. Zur Vervollständigung des Kartenspiels aus rotem und schwarzem Johannisbeergelee Piks, Herzen, Karos und Kreuze ausstechen und kleine Sandkuchen damit dekorieren. Sollten Sie keine solche Ausstechformen bekommen, die Kuchen mit Lebensmittelfarben (Stifte) verzieren. Oder einfach den Zucker von Fruchtpasten

abkratzen und die Pasten in die gewünschte Form zurechtschneiden. Das Dessert gut gekühlt mit einem Tortenheber, Untertassen und Dessertlöffeln servieren. Wenn es sehr schnell gehen muss, eine Portion backfertigen Sandteig oder Genueser Teig zu einem Rechteck ausrollen oder zurechtschneiden, mit weißem Zuckerguss (Puderzucker mit Eiweiß verrührt) bestreichen und ebenso verzieren.

Makronen-Jojos

Mit Fruchtgummischnüren (bei Kindern der Renner) werden aus diesen leckeren, mit Ganachecreme gefüllten Makronen richtige Jojos. Sollten Sie keine Zeit zum Selbstbacken haben, können Sie auch fertige Makronen vom Bäcker oder Konditor nehmen.

DAS BENÖTIGEN SIE

1 Sieb, Backpapier,
1 elektronische Küchenwaage,
4 Backbleche,
mehrere Einwegspritzbeutel
mit glatter Tülle,
1 Kochthermometer,
1 Küchenmaschine

Gefüllte Makronen

(ergibt etwa 40 Stück)

ZUTATEN

150 g Puderzucker
250 g gemahlene Mandeln +
250 g Puderzucker, gemischt
200 g Eiweiß
60 g Zucker
30 g ungesalzene Pistazien,
fein gemahlen
1 TL Instantkaffeepulver

FÜR DIE BUTTERCREME

260 g Butter
80 ml Milch
80 g Zucker
60 g Eigelb
(Für jede der beiden Sorten jeweils die Hälfte der Zutaten nehmen.)

FÜR DAS PISTAZIENAROMA

15 g Pistazienpaste

FÜR DAS KAFFEE-AROMA

8 g Instant-Kaffeepulver oder
4 ml starker Kaffee

ZUBEREITUNG DER MAKRONEN

Den Backofen auf 160 °C (140 °C Umluft) vorheizen.

Den Puderzucker und die Mandel-Puderzucker-Mischung auf ein großes Stück Backpapier sieben.

Die Eiweiß in der Küchenmaschine sehr steif schlagen und dabei langsam den Zucker einrieseln lassen. Anschließend nach und nach die gesiebte Mandel-Puderzucker-Mischung unterrühren, bis ein glatter, glänzender Teig entstanden ist.

Den Teig in zwei gleiche Portionen teilen. Unter die eine Hälfte die gemahlenen Pistazien, unter die andere das Kaffeepulver mischen.

Beide Teige jeweils in einen Spritzbeutel füllen und in ausreichendem Abstand auf Lücke kleine Teighäufchen (max. 3 cm Durchmesser) auf zwei mit Backpapier ausgelegte Backbleche spritzen.

20 Min. bei Zimmertemperatur ruhen lassen. Beide Bleche danach in den Backofen schieben und die Makronen 10–12 Min.

backen. Die Bleche nach der Hälfte der Backzeit tauschen. Die Makronen sind fertiggebacken, wenn sie sich weich anfühlen, wenn man mit dem Daumen daraufdrückt; die Kruste darf dabei jedoch nicht einsinken. Die Makronen aus dem Ofen nehmen und einige Minuten ruhen lassen.

Um die Makronen vom Blech zu lösen, das Blech auf die Spüle stellen, das Backpapier an einer Ecke anheben und etwas Wasser unter das Papier laufen lassen. Das Blech dabei leicht schräg

halten, damit das Wasser langsam über das Blech läuft. Ein
paar Minuten warten, die Makronen vom Blech nehmen und
nebeneinander ausbreiten.

Die restlichen Makronen auf
die gleiche Weise backen.

*Die Eier müssen bereits 5–6 Tage
vor der Zubereitung getrennt
werden. Die Eiweiß anschließend
im Kühlschrank aufbewahren.
Die Eigelb sofort weiterverarbei-
ten. Damit können Sie zum Beispiel schon einmal die Butter-
creme zubereiten. Sie kann auch
eingefroren werden und lässt
sich daher gut im Voraus zubereiten.*

ZUBEREITUNG DER PISTAZIEN-CREME-MAKRONEN

Die Butter einige Sekunden in
der Mikrowelle erwärmen, damit
sie weich wird.

Die Milch in einer kleinen
Kasserolle erhitzen und die
Hälfte des Zuckers mit der Pistazienpaste darin schmelzen lassen. Anschließend aufkochen.

Die Eigelb mit dem restlichen
Zucker schaumig schlagen und
die Milch langsam einrühren.

Die Mischung bei geringer
Hitze auf 80 °C erhitzen. Dabei
laufend mit einem Holzspatel
umrühren und die Temperatur
mit einem Kochthermometer
überprüfen. Die Mischung darf

nicht kochen und muss wie eine
Englische Creme an dem Spatel
haften bleiben.

Die Creme anschließend sofort im Mixer aufschlagen und
auf 30 °C abkühlen. Die Butter
unterschlagen, bis eine dicke
Creme entstanden ist.

Die Creme in einen Spritzbeutel füllen und ein Viertel der
Makronen damit füllen. Eine
zweite Makrone daraufdrücken
und die fertigen Makronen bis
zum Servieren in einer luftdicht verschlossenen Dose kalt
stellen.

ZUBEREITUNG DER KAFFEE-CREME-MAKRONEN

Die Kaffeecreme auf die gleiche Weise zubereiten. Die Pistazienpaste jedoch durch Kaffee
oder Kaffeepulver ersetzen.

Die gefüllten Makronen in
der Mitte mit Fruchtgummischnüren umwickeln und auf
einem Teller anrichten. Ein Jojo
aus hellem Holz dazulegen.
Ihre Gäste werden begeistert
sein!

*In einer Metall- oder Pappdose
(kein Plastik!) können die Makronen einige Tage im Kühlschrank aufbewahrt werden.
Sie schmecken am besten, wenn
man sie 1 Tag im Voraus bäckt.*

Doppel-Domino

*Für die beiden
folgenden Rezepte
benötigen Sie eine
Financier-Form
aus Silikon.*

Schoko-Himbeer-Dominosteine

ZUTATEN UND ZUBEREITUNG

200 g Chocolat noir Framboise (z. B. von Côte d'Or) mit dem Messer hacken. 150 g flüssige Sahne in einer kleinen Kasserolle erhitzen, über die Schokolade gießen und 20 g Butter hinzufügen. Schokolade und Butter schmelzen lassen und die Mischung anschließend glattrühren. Nacheinander 3 Eier und danach 50 g Zucker unterrühren. Die Financier-Form auf ein Backblech stellen und die Masse einfüllen. Die Dominosteine 15–20 Min. im 160 °C (140 °C Umluft) heißen Backofen backen, etwas abkühlen lassen und aus der Form stürzen.

Kokos-Dominosteine

ZUTATEN UND ZUBEREITUNG

Den Backofen auf 180 °C (160 °C Umluft) vorheizen. In einer Schüssel 200 ml gezuckerte Kondensmilch, 200 ml Kokosmilch, 2 verquirlte Eier und 60 g Kokosraspeln kräftig mit dem Schneebesen verrühren. Die Form auf die Fettpfanne des Backofens stellen und die Masse einfüllen. Das Blech in den Backofen schieben und bis zur halben Höhe der Backform mit Wasser füllen. Die Dominosteine etwa 30 Min. im Wasserbad garen. Mit einem Messer prüfen, ob die Masse fest ist, das Blech aus dem Ofen nehmen, die Dominosteine etwas abkühlen lassen und aus der Form stürzen.

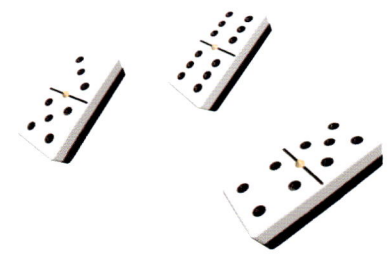

FERTIGSTELLUNG

Drei Viertel der weißen und der schwarzen Kuchen halbieren. Je 1 weiße und 1 schwarze Hälfte zu zweifarbigen Dominosteinen zusammensetzen. Aus den Kuchenteilchen einfarbige Dominosteine herstellen. Diese in der Mitte mit einem spitzen Messer etwas einkerben und mit Resten des jeweils andersfarbigen Kuchens verzieren. Als Punkte eignen sich weiße und schwarze Schokoladenperlen oder auch silberne Zuckerperlen. Die Dominosteine in Spielformation auf einer großen Schieferplatte oder einem Schneidebrett anrichten und das Ganze mit ein paar echten Dominosteinen dekorieren.

DEZEMBER

Weihnachtlicher Glanz

Weihnachten! Auch wenn man ihn manchmal als familiäre Verpflichtung empfindet, die mit viel Arbeit verbunden ist, bleibt der 24. Dezember doch ein besonderer Tag. Eine Zeit des Innehaltens, in der Klein und Groß wieder zu sich selbst kommen. Und für begeisterte Köche und Köchinnen ist Weinachten der kulinarische Höhepunkt des Jahres: die lang ersehnte Gelegenheit, ausgefallene Gerichte aus edlen Zutaten zubereiten zu können oder, wenn die Zutaten eher einfach sind, die Herausforderung, daraus etwas Raffiniertes zu zaubern. Bereits lange im Voraus wird das Menü geplant, damit alle auf ihre Kosten kommen. Traditionell wird das Weihnachtsessen am Tisch eingenommen. Für die Hausfrau bedeutet das, dass sie ständig zwischen Esstisch und Küche hin- und herlaufen muss, um zu sehen, was »das Essen macht«, um aufzuschneiden, eine Platte anzurichten oder die Teller vorzubereiten. Damit Sie den Abend ungestört genießen können, habe ich einige ungewöhnliche Rezepte zusammengestellt, deren Zubereitung zwar etwas Zeit erfordert, die sich aber gut im Voraus zubereiten lassen und mit denen Sie einmal etwas anderes auf den Tisch bringen können als Toast mit Räucherlachs. So werden Sie guten Gewissens sagen können, dass Sie viel Zeit und Liebe in die kleinen Gerichte investiert haben, und können dennoch in aller Ruhe den Abend mit der Familie oder mit Freunden verbringen. Und das in einem funkelnden, festlich-eleganten Rahmen mit viel Glas, Spiegeln und Silber.

Weihnachtsschmuck
Kerzenleuchter
Eine Samtsuppe

FÜR DIE DEKORATION

DER ORT

Mehr noch als bei jedem anderen Fest soll die Weihnachtsdekoration etwas ganz Besonderes sein. Und die aufwendig in allen nur denkbaren Farben und Materialien – mal verspielt, mal barock, mal luxuriös, mal klassisch und mal in modernem Design – gestalteten Schaufenster wecken jedes Jahr aufs Neue den Wunsch nach einer neuen Dekoration. Es kommt also nicht so sehr darauf an, wo das Fest stattfindet, als vielmehr darauf, in welchem Stil Sie den Abend gestalten wollen. Lassen Sie sich bei der Wahl der Dekoration von den Farben und vom Stil Ihrer Wohnung inspirieren. Wollen Sie im Esszimmer oder einer großen Küche feiern, eignet sich am besten ein großes Buffet. Soll es im Wohnzimmer oder einer großen Diele stattfinden, greift man am besten auf kleine Tische und Konsolentischchen zurück. Wenn Sie nicht gerade Besitzer eines großen Landhauses sind, ist die Auswahl schließlich nicht allzu groß …

DIE ACCESSOIRES

In einem großen, modernen Raum lässt sich mit der richtigen Beleuchtung – Spots, Wandlampen, Lichtkegel und Lichtsäulen – ein festlicher Rahmen schaffen. Ein Effekt, der sich durch eine große Spiegelwand noch verstärken lässt, die den Raum überdies in ein warmes silbernes Licht taucht und die den Glanz und das Funkeln des Glases und Kristalls schön zur Geltung bringt.

Kerzen und Windlichter in unterschiedlicher Höhe aufgestellt verleihen dem Raum Tiefe und Lebendigkeit. Verfügt der Raum über eine Treppe, lassen sich mit Teelichten, die man auf den Stufen verteilt, wirkungsvolle Effekte erzielen. Für eine

große Glasfront sind Lichterketten hervorragend geeignet.

Glanz verleiht auch eine Art
Läufer aus rechteckigen Spiegel-
glasstücken *unter* dem Tisch,
auf dem sich verschiedene
Einzelstücke – Kerzenhalter,
Schalen mit Fuß, Windlichter,
Pampillen, Flakons und Gläser –
wirkungsvoll zur Geltung bringen lassen, die hervorragend mit
dem durchsichtigen Geschirr
harmonieren. Und diese Art der
Aufstellung hat überdies den
Vorteil, dass von den kostbaren
Stücken keins herunterfallen
kann.

Ein eher klassisches Dekorationselement sind die abwechselnd in hohen, schmalen Glasvasen verteilten silbernen
und transparenten Kugeln. Ein
Strauß filigraner Lichterzweige
in einem großen Sektkübel
lockert die glatte, monochrome
Fläche eines großen Spiegels
auf. In glänzendes und mattes,
glattes und gaufriertes Silber-
papier verpackte Geschenk-
schachteln in verschiedenen
Formen und Größen bilden den
Weihnachtsbaum. Einfache
Lichterketten unterstreichen die
Pyramidenform des Ensembles.
Um den Weihnachtsbaum zu stabilisieren, die Pakete mit doppel-
seitigem Klebeband zusammenkleben oder vor dem Verpacken
mit Kies oder Sand füllen.

DER TISCH

Zu dieser Dekoration wählt
man am besten ein transparen-
tes Geschirr und setzt mit silbernen Schüsseln, Untertellern
und Servierplatten Akzente. Einfache Jenaer Glasschüsseln auf
einer spiegelnden oder silbernen
Platte neben edlen Glaskaraffen
platziert und mit Glasperlen verziert wirken so wie wertvolles
Geschirr.

Die Ausgabe für eine Etagere
kann man sich sparen. Machen
Sie sich aus Serviertellern, fla-
chen Tellern, Desserttellern und
umgedrehten Gläsern oder Glas-
schalen einfach selbst welche.
Sie sehen sehr dekorativ aus,
und es lassen sich darauf platz-
sparend Desserts und andere
Kleinigkeiten anrichten. Eine

dekorative gläserne Käseglocke
zuoberst gibt dem Ganzen den
letzten Schliff.

Als Tischbeleuchtung Kerzen
in hohen Leuchtern mit Kugelkerzen in Windlichtern oder
niedrigen Kerzenhaltern kombinieren und dazwischen als Tischdekoration schönen gläsernen
Weihnachtsschmuck verteilen.

⊙ TIPPS + TRICKS

Einen Christbaum für den
Tisch können Sie aus unterschiedlich großen Lampen-
schirmgestellen bauen, die Sie
einfach der Größe nach auf-
einandersetzen und eventuell
noch mit Draht stabilisieren.
Eine originale Tischdekoration,
an der man auch noch Kugeln
und Christbaumschmuck aufhängen kann.

Wenn Sie eine barockere
Dekoration vorziehen, können
Sie auch auf die Spiegel verzichten und Ihre Gerichte und
Dekorationen stattdessen mit
verschiedenen dekorativen
goldenen, silbernen oder auch
schwarzen Rahmen in unterschiedlichen Größen »ein-
rahmen«.

Besitzen Sie keine Deko-
rationsgegenstände aus Glas
oder Kristall, sehen Sie sich einfach in Ihrem Haushalt nach
geeignetem Ersatz um: Gläser
mit Fuß können zu eleganten
Windlichtern werden, leere
Likör- und Schnapsflaschen
sehen oft ebenfalls sehr dekorativ aus, hübsche Glasbehälter
und alte Apothekergläser, Bonbongläser etc.

ZUTATEN
48 Austern (Fine de claire)
500 ml Champagner
20 g Butter
8 schöne Schalotten
400 g Crème fraîche
Salz, Pfeffer
1/2 Bund Schnittlauch

Austernsamtsuppe mit Champagner

ZUBEREITUNG:

Die Austern öffnen und das »erste Wasser« weggießen. Die Austern auf einen Teller legen, bis sich das »zweite Wasser« gebildet hat.

Das zweite Wasser durch ein Sieb in eine große Kasserolle gießen und die Austern aus den Schalen lösen. Das Austernwasser durchseihen und mit dem Champagner aufkochen. Die Austern einige Sekunden darin pochieren, bis sie gerade fest sind, und mit dem Schaumlöffel herausheben.

Die Butter in einer Pfanne zerlassen und die fein geschnittenen Schalotten darin weich dünsten, ohne dass sie Farbe annehmen. Die Austernkochflüssigkeit angießen, das Ganze in die Kasserolle zurückgießen und 5 Min. bei mittlerer Hitze einkochen lassen. Die Crème fraîche hinzufügen und alles weitere 5 Min. köcheln lassen.

Die Austern dazugeben, umrühren, die Suppe mit dem Stabmixer pürieren und noch einmal kurz aufkochen lassen. Zum Schluss mit Salz und Pfeffer abschmecken.

Die Suppe unmittelbar vor dem Servieren mit Schnittlauchröllchen bestreuen.

Die Suppe in einer schönen Glasschale oder einer gläsernen Suppenterrine servieren. In Portionsschalen kühlt sie zu schnell ab. Die Suppe im Kühlschrank aufbewahren, wenn Sie sie im Voraus zubereiten, und vor dem Servieren noch einmal erhitzen, aber nicht mehr kochen lassen.

Jakobsmuscheltatar mit geschmolzenen Tomaten

ZUTATEN
Olivenöl
1 große Zwiebel
50 g scharfe Chorizo
2 Knoblauchzehen
10 cl Noilly Prat
1 mittelgroße Dose (400–500 g)
geschälte Tomaten
10–15 Jakobsmuscheln *(je nach Größe)*
ohne Corail
Saft von 1 Zitrone

ZUBEREITUNG

2 EL Olivenöl in einer Pfanne erhitzen und die gehackte Zwiebel goldgelb darin anschwitzen.

Die Chorizo pellen, fein würfeln, bei geringer Hitze in 1 EL Olivenöl anbraten und anschließend abgießen. Das Öl dabei zum Marinieren der Jakobsmuscheln auffangen.

Die Chorizo mit dem gehackten Knoblauch zur Zwiebel geben. Das Ganze 2 Min. braten und danach den Noilly Prat hinzufügen. Die Tomaten abtropfen lassen, etwas zerkleinern und ebenfalls in die Pfanne geben. Das Ganze etwa 30 Min. köcheln lassen, bis die Flüssigkeit vollständig verdunstet ist. Dabei gelegentlich umrühren.

Inzwischen 2/3 der Jakobsmuscheln in Würfel und das restliche Drittel in dünne Scheiben schneiden. Beides getrennt im Kühlschrank in dem mit Zitronensaft verrührten Wurstöl marinieren lassen.

Die Jakobsmuschelwürfel mit etwas Marinade zu den geschmolzenen Tomaten geben. Auf Portionsschalen verteilen und jeweils mit 1 Jakobsmuschelscheibe garnieren.

Die Portionen zum Schluss noch mit 1 Basilikum-, Petersilien- oder Korianderblättchen oder 1 kleinen Stück Zitrone garnieren.
Die Jakobsmuscheln müssen nicht mehr mit Salz und Pfeffer gewürzt werden, denn die Chorizo sorgt bereits für die nötige Schärfe.

ZUTATEN

400 g Geflügelleberterrine
250 ml heller Geflügelfond
1–2 EL Cognac
1 Msp. Fünf-Gewürze-Pulver *(oder Vier-Gewürze-Pulver)*
Fleur de Sel
zerstoßener Pfeffer
1 Glas oder Dose (à 400 g) weiße Bohnenkerne
1 Blatt Gelatine
150 g Sahne
1 Dose Madeiragelee (Gelée de viande au madère; Gourmet-Versandhandel)
Portwein
1 Trüffel *(nach Belieben)*

Leberterrine mit Weißen Bohnen und Madeiragelee

ZUBEREITUNG

Die Leberterrine 15 Min. vor der Zubereitung aus dem Kühlschrank nehmen, damit sie Zimmertemperatur annimmt.

150 ml Geflügelfond leicht erwärmen. Die Leberterrine mit 1–2 EL Cognac begießen und mit dem Fünf-Gewürze-Pulver, Salz und Pfeffer würzen. Den Geflügelfond darübergießen und alles mit einer Gabel zu einer glatten Creme zerdrücken.

Die Creme auf dekorative Likörgläser verteilen und kalt stellen.

Die Bohnen abtropfen lassen. Mit dem restlichen Geflügelfond im Mixer pürieren und das Püree anschließend durch ein Sieb passieren, um die Schalen zu entfernen. Die Gelatine in kaltem Wasser einweichen. Die flüssige Sahne erhitzen, die ausgedrückte Gelatine darin auflösen und das Ganze mit dem Bohnenpüree verrühren. Mit Salz und Pfeffer abschmecken, abkühlen lassen und die Lebercreme etwa 2 cm hoch damit bedecken. Die Gläser anschließend wieder in den Kühlschrank stellen.

Das Madeiragelee bei geringer Hitze verflüssigen. Mit etwas Portwein aromatisieren, abkühlen lassen und bevor es wieder geliert, auf die Gläser verteilen.

Die Cremes zum Schluss eventuell noch mit Trüffelspänen oder Trüffelabfällen bestreuen.

Fünf-Gewürze-Pulver ist eine chinesische Gewürzmischung aus Gewürznelken, Fenchelsamen, Zimt, Sichuan-Pfeffer und Sternanis. Vier-Gewürze-Pulver ist eine französische Gewürzmischung aus schwarzem Pfeffer, Gewürznelken, Muskatnuss und getrocknetem Ingwer.

Fenchel-Mousseline mit Scampi

ZUTATEN

1 kg rohe Scampi, frisch oder tiefgefroren
1 TL fein geschnittener Dill
Butter
Olivenöl
2 Schalotten
5 cl Cognac
1 TL Kräuter der Provence
Pfeffer
100 ml Fischfond
Dill zum Verzieren

FÜR DIE FENCHEL-MOUSSELINE

4 Fenchelknollen
2 EL Olivenöl
3 Knoblauchzehen
2 TL frisch geriebener Ingwer
2 EL Honig
Saft von 1 Limette
100 g Sahne
1 Eigelb
1 gehäufter EL fein geschnittener Dill

FÜR DIE SAUCE

4 Blatt Gelatine
1 Eigelb
1 EL Savora-Senf
Saft einer 1/2 Zitrone
Salz, Pfeffer
150 ml Olivenöl
50 g Sahne

ZUBEREITUNG

Die Scampischwänze von den Körpern abdrehen. Die Panzer aufbrechen, das Schwanzfleisch herauslösen und die schwarzen Därme entfernen. Köpfe und Scheren beiseitestellen.

Die Schwänze in einen tiefen Teller legen, mit dem Dill bestreuen, mit 2 EL Olivenöl beträufeln und 1 Std. im Kühlschrank marinieren lassen.

Etwas Butter mit etwas Olivenöl in einer Pfanne erhitzen, die Scampiköpfe, -scheren und -panzer mit den gehackten Schalotten unter Rühren darin anbraten und dabei mit dem Pfannenwender zerdrücken. Den Cognac in die Pfanne gießen, heiß werden lassen und flambieren. Die Kräuter dazugeben und pfeffern. Den Fischfond hinzufügen. Das Ganze 20 Min. bei geringer Hitze einkochen lassen und die Scampiabfälle dabei immer wieder zerdrücken. Anschließend durch ein feines Sieb abtropfen lassen. Die Flüssigkeit in einer Schüssel auffangen und die Köpfe und Panzer gut ausdrücken. Den Fond anschließend kalt stellen.

Den Fenchel waschen und hacken. Das Olivenöl in einer Pfanne erhitzen, den Fenchel sehr weich garen, mit einem Schaumlöffel herausheben und beiseitestellen.

Den gehackten Knoblauch und den Ingwer bei geringer Hitze in der Pfanne anbraten, ohne dass sie Farbe annehmen. Den Honig und den Limettensaft hinzufügen, den Fenchel wieder in die Pfanne geben, gut umrühren und das Ganze nochmals 5 Min. köcheln lassen. Die Pfanne danach vom Herd nehmen, die Sahne und das Eigelb einrühren und das Gemüse kalt stellen.

Für die Sauce die Gelatine in kaltem Wasser einweichen. Das Eigelb mit dem Savora-Senf, Zitronensaft, Salz und Pfeffer verrühren und mit dem Olivenöl zu einer Mayonnaise aufschlagen. 50–100 ml Scampifond unterrühren. Die Sahne zum Kochen bringen, den Topf von Herd nehmen und die ausgedrückte Gelatine darin auflösen. Die Sahne mit der Mayonnaise verrühren und den Fenchel untermischen. Zum Schluss den Dill einrühren.

Die Scampischwänze mit der Marinade in eine Pfanne geben und 2 Min. anbraten. Salzen und auf Küchenpapier abtropfen lassen. Eine Terrinenform mit kaltem Wasser ausspülen und mit Frischhaltefolie auslegen. Die Hälfte des Fenchels einfüllen und die Hälfte der Scampischwänze darauf verteilen. Den Vorgang noch einmal wiederholen. Die Terrine mindestens 6 Std. im Kühlschrank fest werden lassen, aus der Form stürzen und mit Dillfähnchen garnieren.

Garnelen in pikanter Kokoscreme

ZUTATEN
6 unbehandelte Limetten
1–2 TL Currypulver
400 ml Kokosmilch
Salz, Pfeffer
1 Dose Ananasscheiben
20 Tiefseegarnelen, geschält
und gegart
1 Bund Frühlingszwiebeln
1 Bund Koriandergrün

ZUBEREITUNG

Die Schale von 2 Limetten abreiben und alle Früchte auspressen. In einer Schüssel Curry, Kokosmilch, Limettensaft und -schale miteinander verrühren. Mit Salz und Pfeffer abschmecken und gegebenenfalls mit etwas Ananassirup aus der Dose süßen.

Die Ananas gut abtropfen lassen. Die Hälfte der Garnelen, die Ananas und die Frühlingszwiebeln in kleine Würfel schneiden. Die Zutaten miteinander vermischen und auf kleine Gläser verteilen. Die Kokosmilch darübergießen und das Ganze mindestens 1 Std. im Kühlschrank durchziehen lassen.

Vor dem Servieren mit dem fein geschnittenen Koriandergrün und jeweils 1 Garnelenschwanz garnieren.

Fourme d'Ambert mit Portwein

&

gemischter Kräutersalat

ZUTATEN UND ZUBEREITUNG

Am Vortag 1/2 Fourme d'Ambert (waagrecht halbiert) aushöhlen. Dabei darauf achten, dass die Wände und der Boden nicht beschädigt werden. Den Rand gegebenenfalls mit einem Messer begradigen. Die Käsestücke in einem tiefen Teller mit der Gabel mit 8–12 cl Portwein zerdrücken. In den ausgehöhlten Käse füllen, mit Frischhaltefolie abdecken und über Nacht in den Kühlschrank stellen.

Den Käse 30 Min. vor dem Servieren aus dem Kühlschrank nehmen und eventuell ein hübsches, glänzendes Band darumbinden. Mit Gabeln und verschiedenen Brötchen, Vollkorntoast oder Schwarzbrot servieren, so dass sich jeder Gast selbst von dem Käse nehmen kann. Dazu einen mit gerösteten Pinienkernen bestreuten Salat aus jungem Blattgemüse (Rucola, Spinat, Mizuna, Portulak, Mesclun) und Kräutern (Schnittlauch, Kerbel, Petersilie, Koriandergrün) mit einer Sauce aus grobkörnigem Senf, Balsamico-Essig, Walnussöl, Salz und Pfeffer reichen. Für den Salat Dessertschalen oder andere flache Schalen bereitstellen (bei einem Buffet sind Schalen praktischer als flache Teller).

Aprikosen mit Nougatcreme und Honiggelee

ZUTATEN

FÜR DIE LEICHTE KONDITOR-CREME MIT NOUGAT
2 Eier
50 g Zucker
30 g Mehl
300 ml Milch
60 g weicher Nougat
250 g Sahne

FÜR DAS APRIKOSEN-KOMPOTT
500 g tiefgefrorene Aprikosen
60 g Zucker
1 Vanilleschote
12 Aprikosenhälften aus der Dose

FÜR DAS HONIGGELEE
100 g flüssiger Akazienhonig
1 Blatt Gelatine
1 Vanilleschote

ZUBEREITUNG

Die tiefgefrorenen Aprikosen bei geringer Hitze in einer Pfanne mit dem Zucker erhitzen. Die Vanilleschote der Länge nach aufschlitzen und das Mark über der Pfanne herauskratzen. Die Schote ebenfalls mit in die Pfanne geben. Das Ganze etwa 15 Min. köcheln lassen, bis ein leicht karamellisiertes Kompott entstanden ist. Die Vanilleschote herausnehmen.

Inzwischen die Nougatcreme zubereiten. In einer Schlagschüssel die Eier mit dem Zucker schaumig schlagen. Anschließend das Mehl hinzufügen. Die Milch bei geringer Hitze in einer Kasserolle aufkochen und in einem feinen Strahl unter Rühren in die Eiermasse einlaufen lassen. Die Mischung zurück in die Kasserolle gießen und 3 Min. unter laufendem Rühren

köcheln lassen. Den Topf anschließend vom Herd nehmen und die Creme dicht mit Frischhaltefolie abdecken, damit sich keine Haut bildet.

Den Nougat mit 50 g Sahne bei geringer Hitze schmelzen lassen und unter die heiße Konditorcreme rühren. Erneut mit Frischhaltefolie abdecken und kalt stellen.

Die restliche gut gekühlte Sahne schlagen. 1/3 der Sahne unter die erkaltete Nougatcreme rühren und die restliche Sahne vorsichtig unterheben. Die Creme anschließend kalt stellen.

In einer Kasserolle den Honig in 150 ml Wasser auflösen. Die Gelatine 10 Min. in kaltem Wasser einweichen, ausdrücken und in dem Honigwasser auflösen. Das Mark aus der Vanille-

schote herauskratzen und hinzufügen. Etwas abkühlen lassen.

Das Aprikosenkompott in Gläser oder Glasschälchen füllen, die Nougatcreme mit einem Spritzbeutel oder einem Löffel darauf verteilen. Die Gläser leicht auf der Arbeitsfläche aufstoßen, damit der Inhalt etwas zusammengedrückt und die Oberfläche geglättet wird. Die Aprikosenhälften abtropfen lassen und die Desserts damit verzieren. Das erkaltete, aber noch flüssige Honiggelee auf die Gläser verteilen und die Desserts bis zum Servieren kalt stellen.

Das Vanillemark verleiht dem Honiggelee nicht nur Aroma, die schwarzen Pünktchen sehen obendrein sehr hübsch aus.

ZUTATEN

3 Eigelb
100 g Zucker
5 cl Rum
250 g Mascarpone
250 g Sahne
24 Löffelbiskuits
etwa 500 ml sehr starker Kaffee
ungezuckertes Kakaopulver

Tiramisu – mal klassisch, mal knusprig

ZUBEREITUNG

In einer großen Kasserolle Wasser für ein Wasserbad erhitzen. In einer kleineren Kasserolle die Eigelb und den Zucker mit dem Schneebesen schaumig schlagen. Den Rum hinzufügen, die Kasserolle in das siedende Wasserbad stellen und das Sabayon etwa 7 Min. kräftig schlagen, bis der Schneebesen eine Spur darin hinterlässt. Den Topf aus dem Wasserbad nehmen, das Sabayon abkühlen lassen und dabei immer wieder einmal aufschlagen.

Das Sabayon, eine Edelstahlschüssel und die Rührbesen des Handmixers 15 Min. in die Gefriertruhe geben. Den Mascarpone aufschlagen und mit dem kalten Sabayon zu einer glatten Creme verrühren. Die Sahne sehr steif schlagen und nach und nach unter die Creme heben.

Eine dünne Schicht Mascarponecreme auf dem Boden einer rechteckigen Form verstreichen. Die Biskuits in dem kalten Kaffee tränken. Eine Schicht Biskuits auf der Creme verteilen und dabei darauf achten, dass zwischen den Biskuits keine Lücken frei bleiben. Eine zweite, dickere Cremeschicht darauf verteilen, die restlichen Biskuits darauf verteilen und mit einer Cremeschicht abschließen. Die Form leicht auf die Arbeitsfläche aufstoßen, um die Oberfläche zu glätten. Das Tiramisu mit Frischhaltefolie abdecken und bis zum Servieren in den Kühlschrank stellen.

Das Tiramisu zum Schluss dick mit gesiebtem Kakao bestäuben.

Das Tiramisu schmeckt köstlich, wenn Sie es statt mit Kakao mit einem selbst gemachtem Krokant (dazu Karamell, getrocknete Mandeln und Haselnüsse in der Küchenmaschine zerkleinern) bestreuen. Beide Varianten, die klassische mit dem warmen, samtigen Braun und die knusprige mit den verschiedenen hellen Brauntönen sehen ausgesprochen appetitanregend aus. Blattgold (siehe Adressen, S. 298), Karamellgespinste und silberne Dragees verleihen dem Dessert eine besonders festliche Note.

Gratiniertes Gewürzbrot mit karamellisierten Birnen

ZUTATEN

15 Scheiben Gewürzbrot
70 g halbgesalzene Butter
6–8 feste, reife Birnen (je nach Größe)
70 g Rohrrohrzucker
300 g Sahne
Birnenlikör *(nach Belieben)*

ZUBEREITUNG

Die Gewürzbrotscheiben mit der Hälfte der Butter bestreichen und mit der gebutterten Seite nach unten in kleine Gratinformen legen (die Scheiben gegebenenfalls auf die richtige Größe zurechtschneiden). Den Backofen auf 180 °C (160 °C Umluft) vorheizen.

Die Birnen schälen, von den Kerngehäusen befreien und je nach Größe in jeweils 6–8 Spalten zerteilen. Die restliche Butter in einer Pfanne erhitzen und die Birnen mit dem Zucker etwa 15 Min. bei mittlerer Hitze karamellisieren lassen. Die Spalten dabei mehrmals wenden, damit sie rundherum gebräunt werden.

Die Früchte mit der Kochflüssigkeit auf den Gewürzbroten verteilen. Die Sahne in eine Schüssel gießen und nach Belieben 4 EL Birnenlikör hinzufügen. Mit dem Stabmixer schaumig aufschlagen und über die Birnen gießen. Mit etwas Zucker bestreuen, 20 Min. im Backofen überbacken und lauwarm servieren.

Die Gratins können auch im Voraus zubereitet werden. Die Sahne aber erst unmittelbar vor dem Gratinieren darübergießen. Am besten bereitet man das Dessert kurz vor dem Eintreffen der Gäste zu und lässt es im ausgeschalteten Backofen abkühlen.

Kokos-Trüffel

ZUTATEN UND ZUBEREITUNG

125 g Zartbitterschokolade (60–70 % Kakaoanteil) raspeln. 100 ml Kokosmilch mit 20 g Zucker erhitzen und die Schokolade darin schmelzen. 20 g weiche Butter hinzufügen und so lange mit einem Holzspatel umrühren, bis eine glatte Creme entstanden ist. Die Creme eventuell noch mit Kokoslikör aromatisieren, mindestens 2 Std. im Kühlschrank fest werden lassen und anschließend Trüffel daraus formen. Die Trüffel in Kokosraspeln wälzen und bis zum Servieren kalt stellen.

Calissons

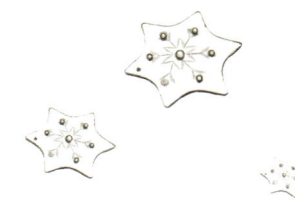

ZUTATEN
20 g Orangenmarmelade
60 g kandierte Melone *(siehe Adressen, S. 299)*
125 g gemahlene Mandeln
100 g Zucker
1 EL Orangenblütenwasser

FÜR DEN GUSS
1 kleines Eiweiß
150 g Puderzucker

ZUBEREITUNG

Sämtliche Zutaten (bis auf die Zutaten für den Guss) in einer Kasserolle mischen und bei geringer Hitze unter Rühren erhitzen, bis sich die Masse von den Topfwänden löst. Den Backofen auf 120 °C (100 °C Umluft) vorheizen.

Den Teig auf ein großes Stück Backpapier legen und mit der Handfläche flachdrücken. Ein zweites Stück Backpapier darauflegen und den Teig mit dem Nudelholz 5 mm dick ausrollen. Vollständig abkühlen lassen und mit Ausstechformen Rauten, Sterne, Herzen oder Engel daraus ausstechen.

Die Calissons auf einem mit Backpapier ausgelegten Backblech verteilen. Das Eiweiß mit dem Zucker verschlagen und das Gebäck damit bepinseln. Anschließend einige Minuten im Backofen trocknen und dabei darauf achten, dass die Plätzchen keine Farbe annehmen. Abkühlen lassen und an einem kühlen Ort aufbewahren. Die Calissons sollten dabei nicht aufeinanderliegen.

Maronenkonfekt

ZUTATEN UND ZUBEREITUNG

125 g Zartbitterschokolade (60–70 % Kakaoanteil) raspeln, mit 100 g heißer Sahne übergießen und schmelzen lassen. Dabei laufend mit einem Holzspatel umrühren, bis eine glatte Creme entstanden ist. 5 cl Rum mit 2 EL Zucker erhitzen und mit 200 g Maronenpaste (Maronencreme ist weicher und deshalb nicht so gut geeignet) verrühren (siehe Adressen, S. 298).

Die Maronenpaste mit der geschmolzenen Schokolade verrühren. Ein Stück Frischhaltefolie auf ein Holzschneidebrett oder ein Backblech legen, die Masse darauf verteilen, mit einem zweiten Stück Frischhaltefolie abdecken und mit dem Nudelholz gut 1 cm dick ausrollen. Im Kühlschrank auskühlen und fest werden lassen. 100 g Zartbitter- und 100 g weiße Kuvertüre mit 2 EL Öl bei sehr geringer Hitze in einer Kasserolle schmelzen. Die Hälfte der Glasur rasch mit einem Spachtel auf der kalten Maronenmasse verstreichen und fest werden lassen. Die Platte mit Hilfe eines zweiten Blechs umdrehen. Den Rest der Glasur erneut erhitzen und die andere Seite damit bestreichen. Die Masse in kleine Würfel schneiden und das Konfekt bis zum Servieren kalt stellen.

ANHANG

IDEEN + REZEPTE

Im Folgenden finden Sie jeweils eine sehr vereinfachte Version der verschiedenen Themenmenüs, auf die Sie zurückgreifen können, wenn Sie wenig Zeit haben, wenn Sie keine Lust haben, sich länger in die Küche zu stellen oder Ihnen das ein oder andere Küchengerät fehlt, wenn Sie sich mehr auf die Dekoration konzentrieren wollen oder wenn Sie sehr viele Gäste erwarten. Dann können Sie sich einen Teil Ihrer Speisen durchaus auch in Delikatessengeschäften, in den Feinkostabteilungen der Supermärkte, in exotischen Lebensmittelgeschäften, in Bioläden und anderen Lebensmittelgeschäften besorgen. Das Angebot an raffinierten Fertigprodukten, die man nur noch mit ein paar anderen Zutaten verfeinern oder kombinieren und hübsch anrichten muss, ist riesig. Es sind ein paar ganz einfache und dennoch ausgesprochen schmackhafte Rezeptvorschläge, die Ihnen helfen, Ihr Buffet möglichst abwechslungsreich zu gestalten, ohne dass die Kreativität dabei zu kurz kommt. Schließlich wollen Sie Ihren Gästen ja etwas Besonderes bieten und ihnen kein Buffet »von der Stange« vorsetzen. Und dazu bedarf es lediglich einer Prise Inspiration, einer Spur Talent und einer kleinen Portion Eigenarbeit.

⊙ JANUAR – WINTERLICHER ZAUBER

In den Kühlregalen und Feinkostabteilungen gut sortierter Supermärkte findet man Taramas, Rillettes, Fischrogen und fertige Gemüsekaviare.

Servieren Sie doch einmal verschiedene Räucherfischfilets (Forelle, Heilbutt, Schwertfisch, Aal, Schellfisch, Makrele) und Rollmops anstelle von Lachs.

In russischen Lebensmittelgeschäften und Versandhandlungen (siehe Adressen S. 297) bekommen Sie die verschiedensten landestypischen Fischkonserven, gekochtes und eingelegtes Gemüse, Würzsaucen, saure Sahne etc. und die verschiedensten Wodkas (in Maßen genießen!) zu moderaten Preisen und in guter Qualität. Genau das Richtige also, wenn Sie mal keine Zeit zum Selberkochen haben.

Stellen Sie Ihre eigene Vorspeisenauswahl

mit eigenen Saucen zusammen: große Champignons in dünne Scheiben geschnitten und mit Zitrone beträufelt und dazu eine Schlagsahne mit Kräutern; hartgekochte Eierviertel, gedämpfte Kartoffelscheiben oder -würfel und bissfest gegarte Blumenkohlröschen und dazu eine mit Weißwein und fein geschnittenen Kräutern (Schnittlauch, Estragon) verfeinerte Mayonnaise; ein Fischtatar oder geräucherte Fischfilets und dazu eine Meerrettichsauce aus 1 in Milch eingeweichten Toastbrotscheibe, die Sie mit etwas Salz und Zucker, 1 EL Meerrettich, etwas Essig, 2 EL Crème double und etwas süßem Senf im Mixer pürieren.

Dicke Crêpes, Pfannkuchen, Crumpets, Brioches mit kandierten Früchten und Ähnliches werden abgepackt angeboten. Servieren Sie sie mit einem guten Ahornsirup und einem Blaubeerkompott.

⊙ FEBRUAR — **VERFÜHRERISCHE WELT DER MODE**

Brick-Blätter mit knackigem Baby-Gemüse – Fenchel, Blumenkohl, Zucchini, Karotten etc. – gefüllt und dazu eine mit etwas Ketchup oder Tomatenmark gefärbte oder mit fein geschnittener Schalotte und verschiedenen Kräutern aromatisierte weiße Sauce.

Eine kurz gebratene (oder getrocknete oder geräucherte) Entenbrust in dünne Scheiben schneiden, etwas Mangochutney daraufgeben, die Scheiben aufrollen und mit Spießchen feststecken.

Ein schneller Salat, mit dem Sie dennoch Eindruck machen werden: ein Stück edle Leberpastete auf gedämpften grünen Bohnen, mit ein paar Tropfen altem Balsamico-Essig (in italienischen Lebensmittelgeschäften und gut sortierten Supermärkten) und 1 Prise Fleur de Sel angemacht.

Filetierte und klein geschnittene rosa Grapefruit und gekochte und geschälte Garnelen mit Mayonnaise und etwas Saft von der Grapefruit anmachen und gut gekühlt servieren.

Von einem Tête-de-Moine-Käse (zylindrischer Rohmilchhartkäse aus der Schweiz) mit Hilfe eines Girolle-Käsehobels (einem speziellen Käseschaber) Späne abhobeln und als »Blüten« auf einem Teller anrichten.

Fertig gekaufte Konditorcreme mit Mandelextrakt, flüssiger Vanille und Orangenblütenwasser aromatisieren und mit grob zerkrümelten Baisers und in Zucker gewälzten Himbeeren servieren.

Aus Fruchtsaft und Gelatine eine Gelee herstellen, eventuell noch mit einem exotischen Sirup (z. B Mimosen- oder Ingwersirup) aromatisieren, frische, in Spalten geschnittene Früchte hinzufügen und gelieren lassen.

Ein Mango-Lassi (indisches Joghurtgetränk) oder einen Smoothie in Cocktailgläsern servieren. Die Ränder vorher in Zucker- oder Grenadinesirup und anschließend in Kristallzucker tauchen.

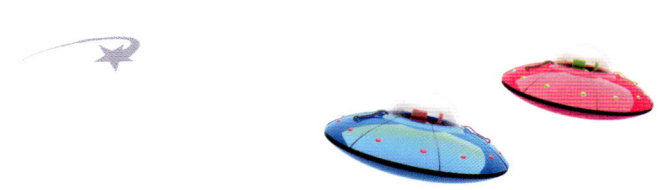

⊙ MÄRZ — **TOTALLY SPACE**

Anstelle der Blauen Kartoffel-Blini Kanapees aus Vitelotte-Kartoffeln servieren. Dazu die gekochten Kartoffeln in Scheiben schneiden, mit gedämpften roten Zwiebelringen und geräuchertem Hering belegen, mit einem Spießchen feststecken und dazu eine Meerrettichmayonnaise reichen.

Sehr ausgefallen: ein gemischter Salat mit Kaktussprossen (Nopalitos; wenn Sie welche bekommen).

Eine halbe Kugel Mimolette extra-alt (22 Monate gereifter französischer Hartkäse mit kräftigem, fruchtigem Geschmack) aushöhlen oder vom Käsehändler aushöhlen lassen (der Käse ist sehr hart und bricht leicht) und die Käsestückchen in der ausgehöhlten Schale servieren.

Als UFOs große, runde Gemüse oder Früchte in Alufolie verpacken und Spieße mit verschiedenen Mini-Sandwiches hineinstecken: Pumpernickel, Backpflaumen und mageres Rillettes; gewürfelte Leberpastete in Sauternes-Gelee (Gelatine in kaltem Wasser einweichen, ausdrücken und im heißen Wein auflösen; 1 cm Gelee in einer Schüssel mit Eiswürfeln fest werden lassen; 1 Würfel Pastete darauflegen, mit dem restlichen flüssigen Gelee aufgießen und im Kühlschrank fest werden lassen); Cornichons fein hacken, auf dünnen kalten Bratenscheiben verteilen und aufrollen; Rindfleisch-Carpaccio mit Rucola, Parmesan und etwas Pesto; getrocknete Birnenscheiben mit Roquefort.

Zum Dessert Eiskugeln mit einem Kugelausstecher (nicht mit dem Eisportionierer!) abstechen und jeweils 2–3 Kugeln in kleinen Windbeutelhälften anrichten.

⊙ APRIL — **RUND UMS EI**

Mit Eiern hat man immer viele Möglichkeiten:

Tortillas (große spanische Omelettes) aus Kartoffeln, Gemüse etc. in Würfel schneiden, eventuell noch mit getrockneten Tomaten, Rucola, Paprikastreifen, gerösteten Auberginenscheiben etc. garnieren und als kalte Vorspeise servieren.

Eier in Gelee (z.B. 1 dünne Scheibe Lachs oder Schinken, 1 pochiertes Ei, etwas Estragon, verflüssigtes Madeiragelee).

Kleine Crêpes mit Garnelenbutter und Tapenade bestreichen, mit Anchovis belegen, aufrollen und in Scheiben schneiden (statt des japanisches Omeletts).

Tortelettes oder kleine fertige Blätterteigböden mit Rührei belegen (das Rührei noch mit Käse, Kräutern, Schinken, Pilzen oder Spargelspitzen verfeinern).

Ein großes Schokoladenei aus Zartbitterschokolade köpfen und mit weißer Mousse au Chocolat füllen.

Schokoladeneier (aus Zartbitterschokolade, Vollmilchschokolade, weißer Schokolade) in verschiedenen Größen und mit unterschiedlichen Füllungen: Ganachecreme mit Früchten, Pralinenmasse, Krokant, Likör …

Omeletts mit Früchten: Aus verquirlten Eiern, flüssiger Sahne und gut abgetropften Dosenfrüchte in der Pfanne ein dickes Omelett backen, in Würfel schneiden und mit Puderzucker bestäuben.

⊙ MAI — **ROSAROT UND SAFTIG GRÜN**

Die eine oder andere Mousse z.B. durch eine Guacamole, Rote-Bete-Kaviar, Radieschen und Gurkenstifte oder Zucchinistifte ersetzen.

Von fertigen Mousses oder Rillettes (Räucherlachs, geräucherte Forelle) Klößchen abstechen, in schöne Salatblätter wickeln oder mit einer Zucchinicreme servieren.

Gemüse mit einer roten und einer grünen Sauce servieren. Dazu weiße Sauce (oder – für Figurbewusste – Quark) mit Johannisbeersenf oder Ketchup bzw. mit Kräutersenf oder Wasabi (scharfer japanischer Meerrettich) färben.

Quark mit schwarzem Johannisbeer-Coulis, Honig oder Zucker verrühren und mit zerkrümeltem Grüntee-Cake bestreuen.

Ein Salat aus grünen Nudeln, Lachs und mit etwas Nudelwasser verdünntem Pesto.

Algentatar (in Bioläden und Reformhäusern) zu Räucherlachs oder geräucherter Forelle oder gedämpften Kartoffelscheiben servieren.

Kleine Bündel gekochter grüner Bohnen mit magerem, durchwachsenen Räucherspeck umwickeln.

Eine Auswahl kleiner Leckereien: Lokum, Makronen mit Pistazien-, Rosen-, Himbeer- oder Kirschcremefüllung, rosafarbene und grüne Marsmallows, mit Matcha (japanisches Grünteepulver) aromatisierte Mini-Madeleines oder Financiers …

Für Nostalgiker: Wie wäre es, sich eine Zuckerwattemaschine zu mieten?

naise oder – als Light-Version – Frischkäse und Kräutern füllen.

Ananascarpaccio: 1 Ananas in sehr dünne Scheiben schneiden, mit etwas Kirschwasser beträufeln und mit Zimt bestreuen.

Passionsfruchtcreme: Den Saft von 12 Passionsfrüchten mit einer Mischung aus Mascarpone und Quark verrühren, nach Belieben mit Zucker süßen und mit den Passionsfruchtkernen bestreuen.

⊙ JUNI — WILLKOMMEN AN BORD

Ein gut gekühltes Gazpacho mit ein paar gekochten Garnelen oder aber klassisch mit Croûtons, Gurkenwürfeln und hartgekochtem Ei servieren.

Für einen schnellen Salat 1 Glas eingelegte Miesmuscheln mit Tomaten- und Paprikawürfeln, fein geschnittener Frühlingszwiebel und geräucherter Entenbrust mischen.

Kurz gegarte Rotbarbenfilets einige Stunden in einer Marinade aus Arganöl, dem Saft von 1–2 Orangen, Salz, Pfeffer und fein geschnittenem Koriander einlegen.

Weißfischfilets (Seelachs, Seehecht, Kabeljau) dämpfen, kleinzupfen, in einer Marinade aus Kokosmilch, Limettensaft, fein geschnittener Frühlingszwiebel, Salz und Pfeffer einlegen und gut gekühlt servieren.

Surimi mit etwas Kokoscreme und 1 Stückchen frisch geriebenem Ingwer im Mixer pürieren. Aus der Masse kleine Klößchen formen und in Sesam wälzen.

Cocktailtomaten mit einer Farce aus Dosen-Thunfisch oder Makrele in Öl, etwas Mayon-

⊙ JULI — TOUR DE FRANCE

Auberginenröllchen: Geröstete Auberginenscheiben mit etwas Tomatenmark bestreichen, mit 1 Stück gekochter Kräuter-Chipolata (in der Breite der Auberginenscheibe) belegen, aufrollen und mit Spießchen feststecken.

Sardinen-Tartelettes: Fertige Tortelettes mit etwas Paniermehl bestreuen, mit gut abgetropftem Ratatouille füllen und sternförmig mit Sardinenfilets (oder abgetropften Anchovis in Öl) garnieren.

Klassische, provenzalische Variante: Blätterteig mit Senf bestreichen, mit Tomatenscheiben belegen und mit einer Mischung aus Paniermehl, fein gehackter Petersilie und fein gehacktem Knoblauch bestreuen; dann backen.

Fleischbällchen: Eine Hackfleischfarce mit Tomatenmark und frischem Oregano herstellen und daraus Bällchen formen. In der Pfan-

ne braten und mit Spießchen und einer pikanten Tomatensauce servieren.

Mini-Crêpes: Einen dickflüssigen Crêpeteig in drei Portionen teilen und jeweils mit Garnelen und Koriander; Blumenkohl und Parmesan oder geschmolzenem Camembert anreichern und in der Pfanne kleine Crêpes herausbacken.

Senf-Flans: Crème fraîche, verquirlte Eier, etwas Milch und etwas scharfen oder mittelscharfen Senf zu einer glatten Creme verrühren, in kleine Auflaufformen füllen und im Backofen im Wasserbad garen.

Mini-Sandwiches: Vollkorntoast, Frischkäse und Cornichon-Kaviar (2/3 abgetropfte Cornichons und 1/3 tiefgekühlten Rahmspinat im Mixer pürieren).

⊙ AUGUST – ROBINSONADE

Verschiedene Gemüsesticks (Blumenkohl, Radieschen, Möhre, Fenchel, Paprika, Maiskölbchen) mit verschiedenen fertig gekauften Dips servieren. Die Dips eventuell in Gemüseschiffchen (aus Gurke, Zucchini, Rettich, Stangensellerie) anrichten.

Gemüsekaviar in halbierten, ausgehöhlten und im Backofen gegarten Auberginenhälften servieren.

Ausgehöhlte Cocktailtomaten mit einer Farce aus zerkrümeltem Feta, gehackten schwarzen Oliven, fein gewürfelter eingelegter Zitrone oder Ziegenkäse, geraspelten Radieschen und Schnittlauchröllchen füllen.

Chicoréeblätter oder große Champignonköpfe mit einer Farce aus verschiedenen Käsen (Ricotta, Frischkäse oder Sahne + Gorgonzola oder Roquefort + Parmesan), Walnüssen oder Haselnüssen und Paniermehl füllen.

Fertige karamellisierte Schweinerippchen über der Holzkohlenglut erhitzen.

Kaltes Huhn in Würfel schneiden und mit

Spießchen mit einer fertigen (Asialaden) oder selbst gemachten Sataysauce (Kokosmilch, Sojasauce, Erdnussbutter und Chili) servieren.

In einer ausgehöhlten Melone einen Fruchtsalat aus verschiedenen Melonenkugeln oder anderem Obst, das sich mit einem Kugelausstecher abstechen lässt, anrichten. Den Salat in Eiswaffeln oder Waffelschalen servieren, die Sie vorher mit geschmolzener Schokolade ausgegossen haben, damit sie nicht durchweichen.

⊙ SEPTEMBER – GALLISCHES BANKETT

Kleine Pimientos del Piquillo aus dem Glas oder breite Paprikastreifen mit einer Mischung aus Frischkäse sowie Tapenade oder fein gehackten getrockneten Tomaten oder einer Mischung aus Rosinen und gehackten Pinienkernen füllen bzw. bestreichen.

Maiskolben in Stücke schneiden, mit zerlassener halbgesalzener Butter beträufeln und auf dem Holzkohlegrill oder unter dem Backofengrill rösten, auf Spießchen stecken und in Alufolie verpacken, damit sie heiß bleiben.

In Scheiben geschnittenen und aufgerollten kalten Schweinebraten, verschiedene in Würfel geschnittene Pasteten und Terrinen mit einer Auswahl an Chutneys, geschmolzenen Zwiebeln und Mixed Pickles servieren.

Einen ganzen Koch- oder Räucherschinken mit Butter (in einem hübschen Steingutgefäß) und verschiedenen Brotsorten servieren, so dass sich jeder Gast selbst davon herunterschneiden kann.

Früchte der Saison in einem Likörwein oder in einem mit Sternanis, Zimt, Gewürznelke und Vanille aromatisierten Zuckersirup pochieren, in der Kochflüssigkeit abkühlen lassen und gut gekühlt mit Cakescheiben servieren.

Fertige Desserts (Milchreis, Grießpudding, Quarkcremes) auf hübsche Teller stürzen und mit Früchten, einem Coulis, knusprigen Frühstücksflocken, zerkrümelten Keksen etc. verfeinern.

⊙ OKTOBER – **BUNT SIND SCHON DIE WÄLDER**

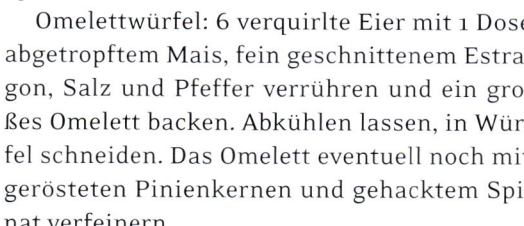

Steinpilz-Carpaccio: Kleine, feste Steinpilze in hauchdünne Scheibchen schneiden, rosettenförmig auf Untertellern anrichten, mit etwas Olivenöl und Zitronensaft beträufeln, mit Fleur de Sel bestreuen und mit Pfeffer übermahlen. Zum Schluss noch mit Parmesanspänen bestreuen.

Omelettwürfel: 6 verquirlte Eier mit 1 Dose abgetropftem Mais, fein geschnittenem Estragon, Salz und Pfeffer verrühren und ein großes Omelett backen. Abkühlen lassen, in Würfel schneiden. Das Omelett eventuell noch mit gerösteten Pinienkernen und gehacktem Spinat verfeinern.

Pilz-Tartelettes: Fertige Blätterteigquadrate mit in Butter angebratenen Pilzen, rohen Schinkenwürfeln und geriebenem Parmesan garnieren, im Backofen überbacken und lauwarm servieren.

Einen Kartoffelsalat mit Morteau-Wurst mit einer Vinaigrette aus Sonnenblumenöl, trockenem Weißwein, Schalotten und Kräutern anmachen und lauwarm servieren.

Verschiedene Wildterrinen (Ente mit grünem Pfeffer oder mit Orange, Kaninchen mit Haselnüssen etc.) mit verschiedenen Brötchen (Vollkorn-, Walnuss-, Maismehlbrötchen etc.) servieren.

Clafoutis mit Rosinen: Einen Clafoutis-Teig mit Rosinen herstellen und nach dem Backen

mit braunem Vergeoise-Zucker (sehr feiner, leicht feuchter Zucker aus Zuckerrüben) oder Farinzucker bestreuen und im Backofen überbacken.

Apfel-Tartelettes: In Farinzucker und gesalzener Butter karamellisierte Apfelspalten rosettenförmig auf Sandteig-Tortelettes anrichten oder Apfelkompott auf kleine Gläser verteilen und mit Knuspermüsli und Haferflocken bestreuen.

Ein Glas gutes Quittengelee zu Blätterteiggebäck reichen.

⊙ NOVEMBER – **MACHEN SIE IHR SPIEL!**

Kleine Tajine-Formen als Kreisel mit verschiedenen fertig gekauften Dips – Hummus, Zaziki, Tapenade – füllen und einen hübschen, bunten Holzkreisel dazustellen.

Schiffe versenken: Verschiedene Schiffchen (mit verschiedenen Mousses – Lachs, Schinken, Roquefort, Walnuss etc. – gefüllte Partybrötchen) in versetzten Fünferreihen auf zwei Platten anrichten und mit Fähnchen dekorieren.

Mikadostäbchen: Verschiedene Grissini und Blätterteigstangen mit richtigen Mikadostäbchen anrichten. Dazu einen Mont d'Or reichen (die Rinde oben abschneiden und den Käse in der Schachtel im Backofen schmelzen, damit man die Stäbchen in den Käse tunken kann).

Kreuzworträtsel oder Damespiel: Toastbrot in kleine Quadrate schneiden, eine Hälfte mit geschmolzenem Käse und die andere mit

schwarzer Tapenade bestreichen. Als süße Variante Kuchen mit dunkler und weißer Kuvertüre (oder Zuckerguss) überziehen.

Dartspiel: Eine große, runde Styroporplatte als Zielscheibe bemalen oder bekleben und verschiedene kleine Spieße (Cocktailtomaten + kleine, ovale Mozzarellakugeln; Cevapcici; verschiedenfarbige Käsewürfel wie Edamer, Cheddar, Greyerzer, Mimolette; Fruchtkugeln) hineinstecken. Die restlichen Spieße – »zum Werfen« – auf einer Platte anrichten.

☉ DEZEMBER – **WEIHNACHTLICHER GLANZ**

Am Jahresende findet man in den Supermärkten eine ganze Vielzahl kleiner Delikatessen, die sich mit wenig Aufwand aufpeppen lassen:

Räucherlachs mit geschlagener Dillsahne und Blini oder, wenn Sie genug Zeit haben, kleine Sandwiches mit Algentatar (im Reformhaus), Gurke und hauchdünnen Lachsscheiben.

Toast mit edler Leberpastete und einem Chutney; oder die Pastete mit etwas Sahne zerdrücken, mit Alkohol aromatisieren und kleine Brötchen damit füllen (die Brötchen vorher etwas aushöhlen).

Grünen Spargel dämpfen, in Eiswasser abschrecken (damit er schön grün bleibt), abkühlen lassen, mit Parmesanspänen sowie fein gehacktem hartgekochtem Ei bestreuen und mit einer Vinaigrette aus Olivenöl, Balsamico-Essig und Basilikum oder Koriandergrün beträufeln.

Medaillons aus kalten Scampischwänzen oder Hummer mit einer selbst gemachten, mit

etwas Vanillesalz oder Passionsfruchtsaft aromatisierten Mayonnaise servieren.

Toasts de Luxe: Getoastetes Vollkornbrot mit halbgesalzener Butter und Seeigelrogen bestreichen oder Walnussbrot dünn mit Butter bestreichen und mit dünnen Poutarge-Scheiben (flache Würstchen aus gesalzenem, gepresstem Meeräschenrogen; eine provenzalische Spezialität) belegen.

Rohe, geschälte Kartoffeln raspeln (nicht waschen, damit die Stärke nicht verloren geht), mit Salz und Pfeffer würzen und in heißer Butter kleine Kartoffelpuffer backen (sie sollten außen goldbraun und knusprig, innen aber noch weich sein) und mit Trüffelbutter (weiche Butter mit geriebenem Trüffel oder Trüffelabfällen vermengen) servieren.

Eine Creme aus grünen Linsen auf kleine Schalen verteilen und mit zerpflücktem, eingelegtem Entenfleisch garnieren.

Als kleine Leckereien kandierte Früchte, Früchte mit Schokoladenüberzug, Trüffel, Orangettes (kandierte Orangenschalen mit Schokoladenüberzug), Makronen, glasierte Maronen … auf verschiedenen Etageren anrichten und mit Geschenkbändern, Zuckerperlen und -dragees dekorieren. Das macht keine Arbeit, hat aber seinen Preis.

Sehr ausgefallen: eine Auswahl asiatischen und orientalischem Gebäcks oder ein mit Rosenwasser parfümierter und mit Rosenblüten garnierter Litschi-Salat.

Ein schneller französischer Weihnachtskuchen: Eine dicke mit Grand Marnier parfümierte Crêpe backen, mit einer Ganachecreme aus Schokolade und Orangeat füllen, aufrollen, in Stücke schneiden und mit Spießchen servieren.

ADRESSEN

Im Folgenden finden Sie nach Themen geordnet eine Reihe von Internetadressen, bei denen Sie Dekorationselemente und Geräte kaufen oder mieten können und die Ihnen bei der Suche nach Zutaten helfen, die nicht überall erhältlich sind.

☉ JANUAR — WINTERLICHER ZAUBER
Für die Dekoration
Bei www.1a-shops.eu/Volkskunst, www.holzschmuck-welt.de, www.kalinka-shop.de, www.rumir.de oder www.shop.russische-geschenke.de gibt es zahlreiche russische Dekorationsmaterialien.

Für die Rezepte
Außer in den einschlägigen Geschäften größerer Städte führen www.russ-food.de, www.russen-magazin.de, www.prima-markt.de und www.rusleb.de russische Spezialitäten in großer Auswahl.

☉ FEBRUAR — VERFÜHRERISCHE WELT DER MODE
Für die Dekoration
Materialien für Kerzenbasteleien hat z. B. www.bougies.de, Kurzwaren in reicher Auswahl bei www.kurzwaren-naehkasten.de und Bastelartikel allgemein etwa bei www.tes-sumico.de.

☉ MÄRZ — TOTALLY SPACE
Für die Dekoration
Mietservices für Nebelmaschinen sind z. B: www.erento.com, www.rentinorio.de oder www.miet24.de; Trockeneis gibt es bei den großen Herstellern Linde (www.linde-gas.de) oder Messer (www.messer.de) oder z. B. bei www.trockeneis-direkt.de oder www.trockeneis4you.org. Bitte unbedingt die Regeln des sicheren Umgangs mit Trockeneis beachten! Verletzungs-gefahr!

Für die Rezepte
Asiatische Lebensmittel gibt es zunehmend in gut sortierten Supermärkten und den immer zahlreicheren Asialäden. Online z. B. bei www.gourmondo.de oder www.asienversand.de.

☉ APRIL — RUND UMS EI
Für die Dekoration
Saisonale Dekoration haben in großer Auswahl etwa Strauss (www.strauss-innovation.de), Butlers (www.butlers.de) oder die großen Drogeriemarktketten (www.dm-drogeriemarkt.de, www.rossmann.de und www.schlecker.de). Österliches bietet z. B. www.gartenschaetze-online.de, eine reiche Auswahl an günstigem Geschirr etwa bei www.endlichzuhause.de.

☉ MAI — ROSAROT UND SAFTIG GRÜN
Für die Dekoration
Selbstklebende Folie für Fenster gibt es in üppiger Auswahl bei www.exclusiv-dekorfolien.de.

Für die Rezepte
Pistazienpaste führen etwa www.delikatessenladen.org oder www.gourmet-versand.com, besondere Patisseriebestandteile etwa www.backfun.de.

☉ JUNI — WILLKOMMEN AN BORD
Für die Dekoration
Ein große Auswahl maritimer Dekoration gibt es z. B. bei www.mare2.de oder bei www.deko-maritim.de.

Für die Rezepte

Viele Produkte aus Fisch und Meeresfrüchten gibt es etwa bei www.koeser.com, bei www.lachskontor.de oder bei www.send-a-fish.de.

⊙ JULI — TOUR DE FRANCE
Für die Dekoration

Campingtische findet man in ansprechender Art im lokalen Gartenmarkt; Fünfziger-Jahre-Geschirr und andere Artikel aus den 1950ern sollte man lieber auf Flohmärkten und Dachböden suchen als im Internet – dort zahlt man stets zu viel.

Wer kleine sprachliche und manche bürokratische Hürden nicht scheut, kann über www.decofinder.com über alle Grenzen hinweg die tollsten Dekorationsgegenstände aller Art finden, auch von sehr spezialisierten Herstellern und Versendern.

⊙ AUGUST — ROBINSONADE
Für die Dekoration

Solarlampen gibt es mittlerweile in jedem Baumarkt. Ein Spezialist für Gegenstände aller Art aus Bambus ist www.alles-bambus.de. Bambusgeschirr ist in Deutschland noch wenig verbreitet; es lohnt bei Einrichtungshäusern nach Geschirr der Firma Ningbo Shilin Arts & Crafts (www.chinashilin.en.alibaba.com) zu fragen. Kompostierbares Geschirr gibt es in vielen Varianten, etwa bei www.shop.naturproduct.de oder bei www.prodana.de.

⊙ SEPTEMBER — GALLISCHES BANKETT
Für die Dekoration

Rustikales Geschirr aus Holz, Trinkhörner und passende Dekorationen findet man etwa – etwas versteckt – bei www.lederkram.de; Holzteller und anderes Geschirr aus Holz kann man auch mieten (z. B. bei www.erento.de danach suchen); ebenso ein geeignetes Zelt, zu kaufen gibt es passende Zelte bei etwa bei www.naturzelte.de.

⊙ NOVEMBER — MACHEN SIE IHR SPIEL!
Für die Dekoration

Abwaschbare Spielkarten als Dekoration führt z. B. www.akspiele.de; Tafelfolie in größeren Mengen gibt es z. B. bei www.fws-design.de, als kleine Portion etwa bei www.baby-walz.com, Tafelfarbe bietet www.kunstundhobby.de an; Servierplatten aus Schiefer findet man auf Kunsthandwerkermärkten (der Versand ist wegen des Gewichts recht teuer), online als Platzteller, die sich auch zum anrichten eignen z. B. bei www.living-quality-shop.de, größere Platten z. B. bei www.gastro24.de. Eine Puzzle-Backform aus Silikon bietet u. a. www.pigmento.de an, überdimensionale Spielfiguren, z. B. für Schach, vermieten lokale Schachvereine, günstig zu kaufen etwa bei www.euroschach.de oder bei www.schachzentrale.com.

⊙ DEZEMBER — WEIHNACHTLICHER GLANZ
Für die Rezepte

Seeigelrogen gibt es zum Beispiel bei www.lacarotte.de; kandierte Melonen führen mitunter gut sortierte Gewürz- und Nusshändler, online etwa bei www.tali.de oder www.schmuetz-naturkost.de. Blattgold und Maronenpaste führt z. B. www.gourmet-versand.com.

REZEPTREGISTER

DANKSAGUNGEN

Ein riesiges Dankeschön an meine fabelhafte Mitstreiterin Martine Murat für ihr fotografisches Talent und ihre hervorragende Arbeit sowie an ihre Partnerin und Artdirektorin Myriam Legrand, die sich beide mit Leib und Seele für dieses Buch engagiert haben.

Für ihre wertvolle Unterstützung beim Food-Styling und ihre originellen Ideen danke ich:

Benoît und Sandrine Fournier *(Tour de France, Rund ums Ei)*

Benoît Monet und Sven Küchenthal *(Tour de France, Verführerische Welt der Mode, Totally Space)*, denen ich vor allem auch für ihr Engagement und ihre gute Laune danken möchte.

Für ihre Mitarbeit und Unterstützung ebenfalls ein großes Dankeschön an Florence Hennequin *(Rosarot und saftig grün)*, Marie Guillot *(Bunt sind schon die Wälder, Gallisches Bankett, Willkommen an Bord und Weihnachtlicher Glanz)*, Sophie Gallois *(Bunt sind schon die Wälder)*, Stephen Legrand *(Robinsonade, Machen Sie Ihr Spiel!)* und an Didier Lannes, der uns in der Sologne so tatkräftig unterstützt hat.

Ein Dankeschön auch an:

Marie-Sophie Lebreton, die uns freundlicherweise ihre Pariser Wohnung zur Verfügung gestellt hat *(Rosarot und saftig grün)*, und Patrice Franceschi, der uns so freundlich an Bord der *Boudeuse* aufgenommen hat *(Willkommen an Bord)*.

Marie-Pierre de Rochefort, der wir das herrliche Gewächshaus für unsere Herbstdekoration verdanken *(Bunt sind schon die Wälder)*.

Mathias (Créations Mathias), der uns die wunderschönen Dekorationen aus seinem Privatbesitz zur Verfügung gestellt hat *(Weihnachtlicher Glanz)*.

Für ihre Unterstützung und ihre wertvollen Ratschläge vor Beginn des Projekts mein aufrichtiger Dank an Valérie-Anne Giscard d'Estaing und Bernard Fixot.

Und last but not least vielen Dank an Fabienne Kriegel, dafür, dass sie mir ihr Vertrauen geschenkt hat und dass Sie mir für mein erstes kulinarisches Abenteuer die Türen der Éditions du Chêne geöffnet hat, und an ihre dynamische Nachfolgerin Valérie Tognali.

FERNER DANKE ICH FOLGENDEN FIRMEN, DIE SO FREUNDLICH WAREN, UNS IHRE PRODUKTE LEIHWEISE ZUR VERFÜGUNG ZU STELLEN:

www.philippebouletcreation.com (beleuchteter Konsolentisch; *Rosarot und saftig grün)*

Créations Alix Chatillon (Drahtgeschirr; *Rund ums Ei)*

Déjeuner sur l'herbe: www.dejeunersurlherbe.fr *(Rund ums Ei)*

Comptoir de famille: www.comptoir-de-famille.com *(Rund ums Ei)*

La Chaise longue: www.lachaiselongue.com *(Tour de France)*

Zara home: www.zarahome.fr *(Winterlicher Zauber)*

Décathlon *(Tour de France)*

Diane Vanier hat schon immer große Freude daran gehabt, für Ihre Familie und Freunde zu kochen. Wenn sie nicht im hohen Norden Kanadas mit ihrem Mann, ihren Kindern und ihren Schlittenhunden unterwegs ist, lebt sie in Paris sowie in der Sologne – im Herzen Frankreichs.

Martine Murat ist eine auf Gastronomie und Dekoration spezialisierte Fotografin. Für sie arbeitet ein talentiertes Team von Stylisten, das jedes erdenkliche Ambiente herbeizaubern kann.

Die Originalausgabe erschien unter dem Titel *Diane Vanier vous invite à faire la fête*
bei Éditions du Chêne / XO Éditions, Paris
Copyright © 2008 Éditions du Chêne / XO Éditions, Hachette-Livre

Deutsche Ausgabe Copyright © 2009 Gerstenberg Verlag, Hildesheim
Alle Rechte vorbehalten
Satz: psb, Berlin
Einbandgestaltung: Hauptmann & Kompanie Werbeagentur, Zürich – München

www.gerstenberg-verlag.de

ISBN 978-3-8369-2997-4